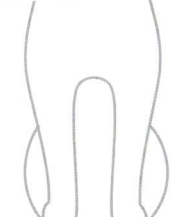

Unser Hund – mein Freund

Das Hundebuch für jedes Kind

Madeleine Franck und Rolf C. Franck

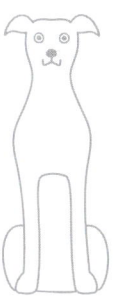

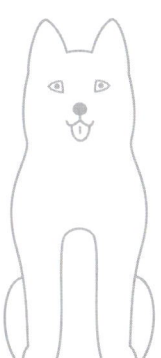

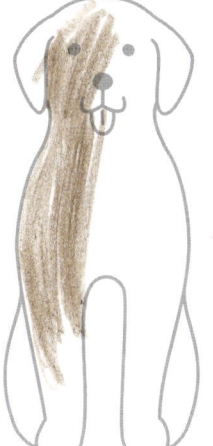

CADMOS

Inhalt

Foto © Shutterstock.com/SrsPvl

Zeichnungen © Shutterstock.com/AllNikArt

Sontje und ihr
Freund Sheltie.

Einleitung

Hallo! Ich heiße Sontje und meine Eltern haben dieses Buch geschrieben. Wir haben zurzeit fünf Hunde, von denen einer mir gehört. Er ist ein zwölfjähriger Sheltierüde und heißt auch „Sheltie". Sheltie darf in meinem Zimmer schlafen und wir unternehmen viel gemeinsam. Ich übe gerne Tricks mit ihm, habe schon mehrere Kurse in unserer Hundeschule mitgemacht und wir trainieren zusammen Agility. Dabei muss man durch einen Parcours mit Hürden, Tunneln, Slalom und anderen Hindernissen laufen. Agility macht uns sehr viel Spaß und am liebsten trainiere ich gemeinsam mit meiner Freundin Maya und ihren beiden Papillons „Pearly" und „Nemo".

Maya und ich haben meinen Eltern beim Schreiben des Buchs geholfen und Vorschläge gemacht, was alles drinstehen sollte. Unsere Tipps findest du immer in kleinen Kästen und außerdem haben wir ein paar Videos für dich gedreht.

Sheltie ist für mich ein echter Freund, und das kann euer Hund auch für dich sein. Viel Spaß beim Lesen und Ausprobieren!

Eure Sontje

Foto © Madeleine Franck

Maya mit Pearly und Nemo

Hunde verstehen

Hunde sind wunderbare Wesen, die schon länger als alle anderen Tierarten mit Menschen zusammenleben. Die Haushunde, wie wir sie heute kennen, stammen ursprünglich vom Wolf ab. Wie lange es her ist, dass sich aus Wölfen erste Hunde entwickelt haben, darüber streiten Wissenschaftler heute noch. Etwa 15.000 Jahre sagen die einen, vielleicht 40.000 oder sogar 100.000 Jahre, sagen die anderen.

Alle Hunde stammen vom Wolf ab, haben sich aber sehr verändert.

Foto © Shutterstock.com/Bildagentur Zoonar GmbH

Wahrnehmung und Gefühle

Wenn du deinen Hund verstehen möchtest, versuche dich am besten in seine Gefühle hineinzuversetzen. Hunde haben viele Gefühle mit uns gemeinsam. Sie empfinden Freude und Begeisterung, sind manchmal auch traurig oder wütend. Sie fühlen Schmerzen und Leid, aber auch Zufriedenheit und Liebe. Manchmal fürchten sie sich ein wenig, bekommen große Angst oder sogar Panik. Und sie können sich vor bestimmten Dingen ekeln, so wie viele Menschen ohne Hund es ekelig finden, von einer Hundezunge „geküsst" zu werden.

Hunde nehmen ihre Umgebung mit verschiedenen Sinnen wahr. Wenn ein Hund zum Beispiel einen rollenden Ball sieht, gelangt diese Information in sein Gehirn. Im Gehirn entsteht dann das Gefühl, das der Hund dabei empfindet. Spielt dein Hund gern mit Bällen, wird er sich beim Anblick des Spielzeugs freuen – genau wie du, falls du ein Fußballfan bist.

Ein Hund muss lernen, nicht auf jeden Bewegungsreiz zu reagieren, den er wahrnimmt.

Vom Wolf zum Hund

Wahrscheinlich haben sich Wölfe den Menschen angeschlossen, als die noch keine Mülltonnen hatten. Für die Wölfe war weniger anstrengend, in den Resten der Menschen etwas zu fressen zu finden, als jagen zu gehen.

Da Wölfe eigentlich sehr scheue Tiere sind, haben sich nur wenige von ihnen in die Nähe der Lager von Menschen getraut. Diese Tiere kamen so zu mehr Futter, konnten deshalb mehr Welpen aufziehen, die wiederum noch zutraulicher gegenüber den Menschen waren. Aus denen sind mit der Zeit unsere Hunde entstanden.

Für die Menschen war es sehr praktisch, diese ersten Hunde in der Nähe zu haben. Mensch und Hund haben gemeinsam gejagt und die Hunde wurden Aufpasser für die Lager der Menschen. Erst viel später haben Menschen begonnen, Hunde ganz gezielt zu züchten und so Rassen mit verschiedenen Talenten und Aussehen hervorzubringen.

Die Sinne des Hundes

Hören

Egal, ob Steh- oder Schlappohr, Hunde hören sehr viel besser als der Mensch. Sie können sehr leise Töne wahrnehmen und diese aus einer vierfach größeren Entfernung erkennen als wir. Durch ihre drehbaren Ohren bestimmen sie die Richtung eines Geräuschs besser, und sie können ihre Ohren sozusagen „auf Durchzug" schalten und trotzdem bestimmte Geräusche herausfiltern.

Sehen

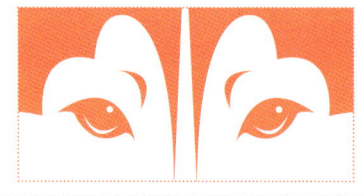

Mit ihren Augen können Hunde nicht so scharf sehen wie wir. Auch Farben sehen für sie anders aus, die Welt wirkt insgesamt blasser und rote Dinge erscheinen grau. Dafür sind ihre Augen besser an die Dämmerung und an das Sehen von Bewegungen angepasst. So kann der Mensch nur etwa 60 Bilder pro Sekunde wahrnehmen, der Hund dagegen bis zu 80.

Riechen

Hunde leben in einer Welt voller Gerüche, die wir uns kaum vorstellen können, weil unser Geruchssinn so viel schlechter ist. Die Riechschleimhaut des Hundes ist mehr als zehnmal so groß wie die des Menschen, und pro Quadratzentimeter liegen darauf mehr als hundertmal so viele Riechzellen. Außerdem können Hunde die Gerüche aus beiden Nasenhöhlen getrennt verwerten und so die Richtung von Spuren bestimmen. Diese Supernase ist das wichtigste Sinnesorgan des Hundes.

Schmecken

Hunde haben Rezeptoren für süßen, sauren, bitteren und salzigen Geschmack auf ihrer Zunge verteilt, genau wie der Mensch. Rezeptoren sind kleine Andockstellen, mit denen nur die eine Geschmacksrichtung erkannt wird. Außerdem verfügen sie noch über Rezeptoren für Fleisch und Fett, denn sie suchen Nahrungsmittel, die nach Fleisch schmecken. Zusätzlich sitzen an ihrer Zungenspitze Rezeptoren für Wasser.

Tasten

Berührungen, wie zum Beispiel Streicheln, spüren Hunde am ganzen Körper. Ihr Tastsinn funktioniert zusätzlich über Tasthaare an der Schnauze, den Augenbrauen, den Ohren und den Außenseiten der Beine. Wie feine Antennen geben diese Tasthaare dem Hund Hinweise über Luftverwirbelungen rund um Gegenstände, sodass er auch im Dunkeln nicht gegen Hindernisse läuft. Mit ihren Pfotenballen können Hunde außerdem Untergründe und Vibrationen ertasten.

Mit seiner Supernase erschnüffelt der Hund sich viele Informationen.

Angst

Wenn etwas Unheimliches passiert, schlägt dein Herz plötzlich ganz schnell. Schlimme Angst kann einem die Brust eng werden lassen und manchmal fast die Luft zum Atmen abschnüren. Dann fühlst du dich vielleicht gelähmt, würdest dich am liebsten unter der Bettdecke verstecken oder im Arm deiner Eltern verkriechen.

Wenn dein Hund vor etwas erschrickt oder Angst hat, geht es ihm genauso. Was er dann braucht, ist ein sicherer Ort und jemand, der ihn tröstet. Deshalb sollte er lernen, dass seine Menschenfamilie ihn immer beschützt und für ihn da ist. Lass deinen Hundefreund nicht allein mit seiner Angst, rede ihm gut zu und streichle ihn beruhigend.

„Unsere 16 Jahre alte Hündin Phoebe ist blind und fast taub. Trotzdem läuft sie im Haus und im Garten herum, ohne irgendwo anzustoßen. Sie hat wahrscheinlich eine Karte von unserem Haus im Kopf und spürt mit den Pfotenballen, wo sie gerade ist. Mit ihren Tasthaaren erkennt sie, wenn etwas im Weg steht."

Ein Hund zeigt seine Angst mit seiner Körpersprache.

Was denken Hunde?

Hunde denken ähnlich wie Menschen, nur weniger vielschichtig. Während Menschen einen großen Teil im Gehirn speziell für komplizierte Gedanken (beispielsweise Mathematikaufgaben) haben, ist dieser Teil im Hundegehirn recht klein. Weil Hunde uns aber nicht sagen können, was genau sie denken, haben Wissenschaftler in den letzten Jahren viele Experimente gemacht, um das herauszufinden. Und je mehr mit Hunden geforscht wird, desto mehr zeigt sich, wie schlau sie tatsächlich sind.

Wer könnte dich besser aufmuntern als dein Hund?

So weiß man inzwischen, dass Hunde von manchen Dingen eine Art Plan im Kopf haben. Sie können sich zum Beispiel ihren Besitzer in Gedanken vorstellen; oder sie merken sich einen Weg, um dann gleich eine Abkürzung zum Ziel zu gehen. Außerdem können Hunde sich gut in andere Lebewesen hineinversetzen.

Bestimmt hast du auch schon einmal erlebt, dass dein Hund dich trösten wollte, als du traurig warst. Er erkennt also, wie du dich fühlst, und überlegt sich dann, ob er dich vielleicht mit Schmusen oder einer Aufforderung zum Spielen aufmuntern könnte.

Auch wenn Hunde sich über bestimmte Dinge „Gedanken machen" können, sind doch ihre Gefühle der Motor, der ihr Verhalten antreibt. Das, was sich für sie gut anfühlt, wollen sie öfter tun, und was ihnen unangenehm ist, werden sie vermeiden. Je aufgeregter sie sind, desto weniger denken sie nach, bevor sie etwas tun.

Die meiste Zeit denken Hunde im Augenblick. Deshalb ist es wichtig, dass sie ihre Belohnung sofort bekommen, wenn sie etwas gut gemacht haben. Aber Hunde können sich auch sehr gut Dinge merken, wenn sie ihnen wichtig sind. Sie lernen einerseits aus

„Wenn ich traurig bin, dann kommt Pearly immer zu mir und möchte mich trösten. Sie wedelt dann und guckt mich ganz niedlich an. Sie merkt immer genau, wenn es mir nicht gut geht. Sobald ich mit ihr kuschle, fühle ich mich gleich besser."

dem, was sie jeden Tag selbst erleben; andererseits beobachten sie Artgenossen und ihre menschliche Familie und lernen, indem sie sich Dinge bei ihnen abschauen.

Der gefüllte Kong™ hilft dem kleinen Banjo beim Entspannen.

Was tun, wenn der Hund aufgeregt ist?

Manchmal regt sich ein Hund in bestimmten Situationen so sehr auf, dass er nicht mehr richtig ansprechbar ist. Das kann aus Angst passieren, zum Beispiel bei einem Gewitter, oder aus Freude, wenn Besuch kommt, oder im Spiel, wenn er nur noch den Ball im Kopf hat und alle Spielregeln vergisst.

Egal, ob positive oder negative Erregung, in einer solchen Situation musst du dir Hilfe von einem Erwachsenen holen. Jetzt solltet ihr dem Hund möglichst eine Lösung anbieten, wie er seine Aufregung loswerden kann. Einen gefüllten Kong™ auszuschlecken hilft den meisten Hunden dabei, sich zu beruhigen. Ein Kong™ ist ein Gummispielzeug, das innen hohl ist, sodass man Leckereien wie Leberwurst für den Hund hineinfüllen kann. So wie Menschen bei Aufregung Kaugummi kauen oder während eines spannenden Films Popcorn essen, sorgt Kauen und Lecken auch beim Hund für Entspannung. Damit der Kong™ im Ernstfall funktioniert, muss der Hund allerdings zuvor schon gelernt haben, sich damit in Ruhe zu beschäftigen.

Es ist klug, rechtzeitig zu erkennen, was deinen Hund aufregen könnte, dann kannst du diese Situation vermeiden oder besser organisieren.

Verständigungs- probleme

Hunderassen mit großen Falten, viel Fell im Gesicht und kurzen platten Schnauzen können sich schlechter über ihren Gesichtsausdruck verständlich machen. Haben Hunde mit kurzer Schnauze dazu noch Atemprobleme und röcheln, klingt das für andere Hunde wohl wie Knurren.

Zeichnung © Shutterstock.com/Gil C

TIPP

Wenn du mit ihm sprichst, wird dein Hund versuchen, deine Tonlage zu deuten. Lobe ihn am besten mit hoher Stimmlage, wenn du ihn motivieren möchtest, und sprich ruhig und eher tief, wenn du ihn beruhigen willst.

Hundesprache

Hunde verständigen sich untereinander vor allem durch Körpersprache. Sie zeigen mit der Haltung ihres Körpers, ihrer Mimik und mit kleinen Bewegungen, was sie sagen wollen. Andere Hunde verstehen diese Signale meistens, aber nicht immer. Hat ein Hund verlernt, auf kleine und feine Zeichen zu achten, kann es in einer Begegnung zwischen zwei Vierbeinern zu Missverständnissen und Streit kommen.

Hunde sprechen auch durch Laute wie Bellen, Jaulen oder Knurren. Es ist wichtig, dass du die Hundesprache verstehen lernst, auch wenn du sie selbst nicht sprechen kannst. Hunde wachsen sozusagen zweisprachig auf, sie können nämlich menschliche Gesten wie kein anderes Tier deuten und einschätzen. Sie achten bei deinen Bewegungen und deinem Gesichtsausdruck auf jede Kleinigkeit. So verstehen sie schnell, dass Menschen fröhlich sind, wenn sie beim Lachen ihre Zähne zeigen, obwohl Hunde untereinander ihre Zähne zum Drohen benutzen.

Je mehr wir mit ihnen reden, desto besser lernen Hunde, unsere gesprochene Sprache zu verstehen. Wenn du möchtest, dass dein Hund ein bestimmtes Wort lernt, kannst du ihm das beibringen. Er wird sich besonders die Wörter merken, die er mit guten Gefühlen verbindet. Deshalb lernen Hunde am besten mit Belohnungen und ganz viel Lob.

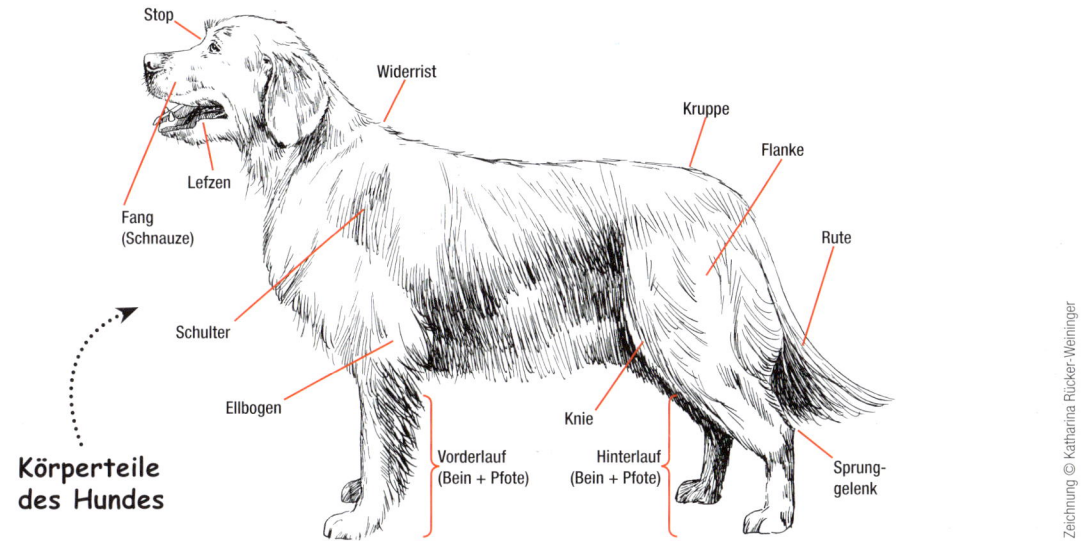

Stop
Widerrist
Kruppe
Flanke
Lefzen
Rute
Fang
(Schnauze)
Schulter
Ellbogen
Knie
Vorderlauf
(Bein + Pfote)
Hinterlauf
(Bein + Pfote)
Sprung-
gelenk

**Körperteile
des Hundes**

Zeichnung © Katharina Rücker-Weininger

Bewegungsrichtung und Körperhaltung

Wenn ein Hund Kontakt mit dir möchte, wird er ein wenig auf dich zukommen, sobald du ihn freundlich ansprichst. Bewegt er sich dagegen von dir weg oder beachtet dich überhaupt nicht, will er seine Ruhe haben. Beobachte deinen Hund genau: Macht er einen kleinen Schritt rückwärts, wenn du auf ihn zugehst? Dreht er den Kopf weg, wenn du ihn kuscheln willst? Dann ist jetzt ein schlechter Zeitpunkt oder vielleicht mag er gar nicht, was du gerade vorhattest. Macht er dagegen den Hals extralang, um deinen Händen beim Streicheln entgegenzukommen, hopst er dir auf den Schoß oder schmiegt sich an deine Beine, sagt er ja zum Körperkontakt.

Auch an der Körperhaltung deines Hundes kannst du gut erkennen, wie er sich gerade fühlt. Ist er entspannt, ist auch sein Körper locker. Versteift er sich, stimmt etwas nicht. Das kann passieren, wenn er auf dem Spaziergang einen Hund in der Entfernung sieht, den er noch nicht kennt oder vielleicht nicht mag, oder wenn ihm etwas unheimlich ist.

Foto © Madeleine Franck

**Der kleine
Banjo weicht
kein bisschen
aus, obwohl er
direkt von oben auf den
Kopf getätschelt wird.
Er mag Körperkontakt.**

Wichtig!

Zeigt dein Hund dir einmal die Zähne, lass ihn sofort in Ruhe und besprich die Situation mit deinen Eltern. Versuche niemals, einen Hund zu etwas zu zwingen, was er nicht möchte. Wenn dir jemand sagt, dass du dich „durchsetzen" musst oder deinem Hund zeigen musst, dass du der Chef bist, ist das Unsinn und gleichzeitig gefährlich.

Zähnezeigen ist eine deutliche Drohung.

Gesichtsausdruck

Kennst du den Spruch: „Spitz die Ohren"? Beim Hund passt der Satz, denn ein interessierter und aufmerksamer Hund wird dich mit gespitzten Ohren anschauen. Hat er Stehohren, zeigen die Ohröffnungen dabei nach vorn. Bei Schlappohren musst du genauer hinsehen, um zu erkennen, wohin der Hund die Ohren dreht. Falls er hechelt, liegt seine Zunge locker über den Zähnen oder hängt ein wenig aus dem Maul heraus.

Dieser Hund zeigt mit einem Stressgesicht und weggedrehtem Kopf, dass ihm die Umarmung gerade unangenehm ist.

Ist der Hund dagegen unsicher oder ängstlich, legt er seine Ohren dicht an den Kopf und dreht sie seitlich oder nach hinten. Auch sein Gesichtsausdruck verändert sich dabei: Die Gesichtshaut wird nach hinten straffgezogen, was du besonders an den Lefzen sehen kannst. Zieht der Hund die Lefzen nach hinten, bilden sich Falten um die Maulwinkel. Man nennt das „Stressgesicht". Ein gestresster Hund hechelt oft, obwohl es gar nicht warm ist, mit einer angespannten Zunge, die nicht aus dem Maul hängt.

Hebt ein Hund die Lefzen ein wenig an, um seine Zähne zu zeigen, droht er seinem Gegenüber. Auf seinem Nasenrücken entstehen dabei gleichzeitig mehr Falten, je mehr Zähne sichtbar werden. „Bleib weg!" oder „Hör auf!" ist dann die klare Botschaft, auf die du sofort reagieren solltest. Bei wenig Erregung wird der Hund sein Drohverhalten schrittweise steigern. Erst zeigt er nur einen Zahn, atmet laut aus, knurrt leise und kurz, fletscht dann immer mehr Zähne, knurrt lauter und anhaltender, schnappt in die Luft und beißt erst zu, wenn ihm keine andere Möglichkeit bleibt. Ist der Hund sehr aufgeregt, ängstlich, tut ihm etwas weh oder fühlt er sich in die Enge getrieben, kann er auch ohne große Vorwarnung schnappen oder beißen.

Rute

Wusstest du, dass früher bei manchen Hunderassen die Rute und die Ohren einfach abgeschnitten wurden? Inzwischen ist dieses sogenannte „Kupieren" fast immer verboten. Nur Jagdhunden, die bei Jägern leben, darf die Rute kupiert werden. Damit soll verhindert werden, dass sie sich auf der Jagd verletzen.

Auch an der Rute kann man die Stimmung des Hundes erkennen. Ist er ängstlich, trägt er die Rute tief oder klemmt sie ein. Bei Unsicherheit macht er mit tiefer Rute kleine, kurze Wedelbewegungen. Freut er sich, wedelt er dagegen mit weit schwingender, halbhoher Rute. Oft wackelt bei großer Begeisterung dabei der halbe Hund.

Zeichnung © Shutterstock.com/james weston

Laute

Hunde bellen in den verschiedensten Situationen: im Spiel, aus Angst, wenn jemand an der Tür klingelt, bei Begegnungen mit Artgenossen oder anderen Tieren, aus Langeweile, vor Schreck und viele mehr. Mal hört man nur ein halb unterdrücktes einzelnes „Wuff", mal ein lautes, andauerndes Gekläffe.

Außer dem Bellen kann dein Hund eine Vielzahl anderer Laute von sich geben: Winseln, Fiepen, Jaulen, Schreien, Murren, Brummen, Knurren … Um ihn zu verstehen, musst du manchmal ein bisschen raten, ihn zusätzlich genau beobachten und auf dein eigenes Gefühl hören.

Zeichnung © Katharina Rücker-Weininger

Wenn du auf dein Gefühl hörst, kannst du dir meistens denken, warum dein Hund bellt.

Zeichnung © Shutterstock.com/Mamanita Miller

Geruch

Wenn sich zwei Hunde begegnen, beschnüffeln sie sich gegenseitig – vor allem am Hinterteil. Damit tauschen sie Informationen aus, die wir Menschen nicht verstehen können, denn unsere Nase ist dafür leider viel zu schlecht. Aus den Duftbotenstoffen rund um den Po und den Geschlechtsteilen können Hunde zum Beispiel ablesen, wie alt der andere ist oder ob sie eine Hündin oder einen Rüden vor sich haben.

Auch bei jedem Spaziergang hinterlässt ein Hund Geruchsspuren. Macht er unterwegs Pipi, können alle anderen vorbeikommenden Hunde riechen, dass er da war. „Zeitung lesen" sagt man manchmal dazu, wenn Hunde dort schnuppern, wo andere zuvor gepinkelt haben. Um Duftmarkierungen anzubringen, heben Rüden nämlich gezielt und häufig das Bein.

Hundeverhalten

Wenn du die Körpersprache und Laute deines Hundes gut kennst, hilft dir das einzuschätzen, wie es ihm geht. Aber auch sein Verhalten zeigt dir, ob etwas nicht stimmt. Immer dann, wenn ein Verhalten nicht zur Situation passt, kann es ein Zeichen dafür sein, dass dein Hund ein Problem hat. Schnüffelt er zum Beispiel in der Hundeschule intensiv am Boden oder möchte ständig irgendwo markieren? Dann fühlt er sich möglicherweise beim Training unwohl.

Ein Verhalten, das eigentlich in eine andere Situation gehört, nennt man „Übersprungverhalten". Typische Beispiele für Übersprungverhalten sind Gähnen, Sich-Kratzen, Schnüffeln, Markieren, Wälzen und Über-die-Nase-Lecken. Wenn du diese Verhaltensweisen bei deinem Hund beobachtest, überlege genau, ob er gerade überfordert ist. Siehst du noch weitere Anzeichen für Stress, geh mit ihm aus der Situation heraus.

Daran erkennst du, dass dein Hund gestresst ist

- Stressgesicht
- Starkes Hecheln, obwohl es gar nicht heiß ist
- Angespannte Körperhaltung
- Aufgestelltes Nackenfell
- Schwitzende Pfoten
- Übersprungverhalten
- Durchfall
- Plötzlicher Haarausfall

Über-die-Nase-lecken ist ein typisches Übersprung-verhalten.

Foto © Shutterstock.com/R. Chilton

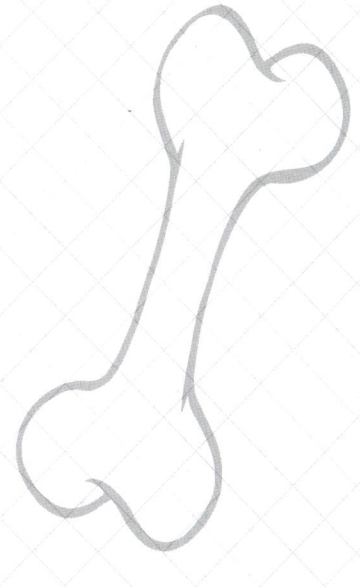

Zeichnung © Shutterstock.com/HitToon

Hund trifft Hund

Die meisten Hunde freuen sich darüber, wenn sie beim Spaziergang oder in der Hundeschule auf Artgenossen treffen. Geht man regelmäßig mit den Nachbarn und deren Hund spazieren, entwickeln sich oft echte Freundschaften.

Foto © Shutterstock.com / Tanya Kalian

Hundebegrüßung – was verrät dir die Körpersprache?

Wenn zwei fremde Menschen sich das erste Mal treffen, schütteln sie sich gegenseitig zur höflichen Begrüßung die Hand. Treffen sich Freunde, begrüßen die sich vielleicht mit einer Umarmung. Auch für Hundebegegnungen gibt es Höflichkeitsregeln, an die Hunde sich halten können, um Streit zu vermeiden. Dazu gehört, dass man nicht gerade, sondern in einem kleinen Bogen auf den anderen zugeht. Um Hallo zu sagen, beschnüffeln sich die Hunde erst kurz im Gesicht und dann am Hinterteil. Finden sich beide Hunde nett, kann einer den anderen zum Spielen auffordern. Dazu macht er eine Art Verbeugung mit tiefem Vorderkörper und Po in der Höhe.

Leider sind viele Hunde zu aufgeregt, um sich an diese Regeln zu halten, wenn sie einem anderen Hund begegnen. Sie stürmen auf den anderen zu und überrumpeln ihn damit, dass sie direkt anfangen zu spielen. Schwierig wird es, wenn der andere Hund gar keinen Kontakt möchte und durch seine Körpersprache signalisiert, dass er mehr Abstand braucht. Der stürmische Hüpfer übersieht durch seine Aufregung leicht diese Signale und es kommt vielleicht zum Streit, denn nun wird der andere sich gegen das aufdringliche Verhalten wehren.

Auch wenn du gern allein mit deinem Hund spazieren gehen würdest, empfehlen wir dir, zur Sicherheit immer jemand Erwachsenen mitzunehmen. Wenn euer Hund bei Hundebegegnungen ungehalten reagiert, andere Hunde anbellt, an der Leine zieht oder sich im Freilauf nicht von dir zurückrufen lässt, ist das einfach zu gefährlich. Aber selbst, wenn er

TIPP

Lass deinen Hund beim Spaziergang niemals ohne zu fragen zu einem fremden Hund hinlaufen. Übe lieber oft mit ihm, brav angeleint an anderen Hunden vorbeizugehen.

ein total netter und braver Kerl ist, kann eine Begegnung mit einem unfreundlichen Artgenossen auch mal schwierig werden. Dann sollte ein Erwachsener eingreifen können, damit niemand zu Schaden kommt.

Familienleben

Foto © Shutterstock.com/George Rudy

Der Hund möchte sich in der Familie wohlfühlen und nicht der Chef sein.

Kommt ein Welpe in seine neue Menschenfamilie, beginnt eine spannende Zeit. Es ist wichtig, dass von Anfang an die gleichen Regeln gelten, die der Hund auch befolgen soll, wenn er einmal groß ist. Sprecht daher gemeinsam in der Familie über die Hunderegeln und achtet darauf, dass jedes Familienmitglied sich daran hält.

Habt ihr einen erwachsenen Hund aus dem Tierheim oder einer Pflegefamilie übernommen, hat das Tier bis dahin schon viel erlebt, was sein Verhalten beeinflusst. Nimm dir genug Zeit, deinen Hund in Ruhe kennenzulernen und sein Vertrauen zu gewinnen. Das dauert möglicherweise etwas länger als bei einem Welpen.

„Meine Pearly war schon einein-halb Jahre alt, als wir sie von einer älteren Frau übernommen haben. Pearly mochte es anfangs nicht, wenn jemand zum Anleinen nach ihr greifen wollte. Sie fand auch Bürsten blöd und hat dann sogar geknurrt und geschnappt. Durch viel Geduld und Leckerchen weiß sie heute, dass ihr nie etwas Schlimmes passiert. Wir können sie überall anfassen, ohne dass sie Angst hat."

Wichtig!

Früher dachte man, dass Hunde eine „Rangordnung" im Zusammenleben mit dem Menschen bilden. Dabei sollte der Mensch sich wie ein „Rudelführer" benehmen, also immer zeigen, dass er der Anführer ist. Viele Regeln wurden extra dafür aufgestellt, dass der Hund nicht selbst auf die Idee kommen sollte, Chef sein zu wollen. Der Hund sollte nicht auf erhöhte Plätze wie Sofa oder Bett dürfen, musste immer nach dem Menschen durch die Tür gehen oder durfte erst nach dem Essen seines Besitzers gefüttert werden.

Auch heute steht das leider noch in vielen Hundebüchern, obwohl es falsch ist. Du weißt es also jetzt besser: Hunde wollen nicht über den Menschen bestimmen oder Anführer werden. Sie versuchen stattdessen möglichst oft das zu tun, was ihnen Spaß macht und was sich für sie gut anfühlt.

Regeln braucht ihr also nicht deshalb, damit die Rangordnung stimmt. Regeln und feste Abläufe helfen dem Hund und allen Familienmitgliedern dabei, unnötigen Ärger zu vermeiden. Ist Betteln am Tisch für den Hund verboten? Dann darfst du ihm auch nie von deinem Teller was abgeben.

Wenn dein Hund mal Quatsch macht oder etwas Unerlaubtes tut, dann nicht, um dich oder deine Familie zu ärgern. Vielleicht war ihm einfach nur langweilig – dann hast du bestimmt auch schon mal Unsinn angestellt, oder? Oder er hat noch nicht gut genug gelernt, was erlaubt ist und was nicht. Sorge im Alltag und beim Üben immer dafür, dass sich braves Verhalten für deinen Hund lohnt. Zeige ihm durch Loben und Belohnen, wenn er etwas gut gemacht hat.

Hunde kauen zum Beispiel gern Dinge kaputt, weil ihnen Kauen Spaß macht und für ihr Wohlbefinden wichtig ist. Damit nicht dein Lieblingsspielzeug zwischen den Zähnen deines Hundes verschwindet, kannst du vorsorgen. Lass ihn nicht unbeaufsichtigt in deinem Zimmer, wenn du nicht aufgeräumt hast. Und gib ihm genügend Kaustangen oder Kauknochen, auf denen er stattdessen kauen darf.

Schlaf

Das Familienleben mit Kindern kann für einen Hund recht aufregend sein. Es ist wichtig, dass dein Hund einen ruhigen und gemütlichen Platz hat, an den er sich zurückziehen kann. Hunde sind eigentlich Langschläfer, die jeden Tag 16 bis 18 Stunden Schlaf brauchen. Viele Rassen sind aber so gezüchtet, dass sie immer bereit für lustige Unternehmungen sind. Sie vergessen zu schlafen, wenn die Ablenkung groß ist. Als Folge von zu wenig Schlaf werden Hunde schlecht gelaunt, regen sich leicht auf, kläffen mehr und können sich nicht mehr gut konzentrieren.

Am besten steht das Hundekörbchen in einer ungestörten Ecke oder ihr stellt mehrere Liegeplätze auf. Lass deinen Hund immer in Ruhe schlafen, wenn er sich irgendwo hinlegt.

> „Mein Hund Sheltie hat ein Körbchen unter meinem Schreibtisch stehen. Wenn ich mit Freundinnen in meinem Zimmer spiele, ist er aber im Wohnzimmer und kann sich dort ausruhen."

Futter

Besprich mit deinen Eltern, ob du die Zubereitung des Hundefutters übernehmen kannst. Wenn du eurem Hund oft seinen lecker gefüllten Napf hinstellst, wird er deinen Anblick mit seiner Freude über das Futter verbinden. Gute Idee, oder?

Manche Hunde machen sich beim Fressen aber Sorgen darüber, dass man ihnen das Futter wieder wegnehmen könnte. Lass deinen Vierbeiner daher immer in Ruhe zu Ende fressen, ohne ihn dabei zu stören. Wenn er beim Fressen knurrt, halte extra

viel Abstand. Dann muss ein Erwachsener mit ihm üben, dass Menschen Futter nicht wegnehmen, sondern sogar besonders tolle Leckerbissen herbringen. So kann dein Hund mit der Zeit verstehen, dass es nicht schlimm für ihn ist, wenn man beim Fressen seinem Napf zu nahe kommt.

Foto © Madeleine Franke

Das Füttern gehört zu den täglichen Aufgaben, die du gut übernehmen kannst.

🐶 TIPP

Finde immer einen Ersatz für die Dinge, die deinem Hund wichtig, aber leider verboten sind. Leert er zum Beispiel gern den Mülleimer oder klaut Essbares vom Teller, wird er auch Spaß an Futtersuchspielen haben.

So werden wir beste Freunde

Bestimmt hast du in der Schule oder Nachbarschaft einen besten Freund oder eine beste Freundin, mit der du am liebsten spielst. Auf beste Freunde kann man sich immer verlassen, mit ihnen teilt man viele schöne Erlebnisse und auch mal seine Sorgen, wenn man traurig ist. Dein Hund kann für dich auch ein solcher Freund werden. Umgekehrt gilt natürlich das Gleiche – die Freundschaft zwischen dir und deinem Hund wird umso enger, je mehr du dich mit ihm beschäftigst und je mehr ihr gemeinsam erlebt.

Drei Freunde, die sich bestens verstehen.

Vertrauen gewinnen

Als Erstes musst du das Vertrauen deines Hundes gewinnen. Er muss wissen, dass du immer freundlich mit ihm umgehst, ihm nie wehtust, ihn nicht bedrängst oder erschreckst. Auch wenn du ihn niemals absichtlich ärgern würdest, kann es sein, dass er manchmal etwas komisch findet, was du tust. Wenn euer Hund schon erwachsen zu euch gekommen ist, hat er vielleicht vorher schlechte Erfahrungen gesammelt. Oder er kannte überhaupt keine Kinder und braucht erst einmal Zeit, um Vertrauen aufzubauen. Möglicherweise erschrickt er, wenn du nach ihm greifen willst, oder er fühlt sich eingeengt, wenn du ihn in den Arm nehmen möchtest.

„Manchmal gehe ich mit meinen Eltern mit zur Welpenschule. Dann üben wir mit den Welpen, dass sie Kinder nett finden, aber nicht anspringen. Ich frage jeden einzelnen Besitzer vorher, ob ich seinen Welpen streicheln darf. Es gibt nämlich viele Hunde, die sind ängstlich oder wild und schnappen. Auch wenn du selbst einen freundlichen Hund hast, solltest du bei einem fremden Hund immer fragen, bevor du ihn anfasst.“

Es ist hilfreich, dem Hund vorher zu sagen, was du vorhast. Wenn du immer die gleichen Wörter und Sätze benutzt, wird er sie bald verstehen. Frag ihn: „Hast du Lust auf einen Spaziergang?“, bevor ihr aufbrechen wollt. Sag ihm dann: „Komm anleinen“, bevor du in sein Halsband oder Geschirr greifst, um die Leine einzuhaken. Lobe ihn freundlich und gib ihm ein Leckerchen nach jedem Anleinen. So lernt er schnell, brav stillzuhalten.

Auf die gleiche Art kannst du in vielen anderen Situationen dafür sorgen, dass dein Hund sich bei allem wohlfühlt, was du tust. Bürsten, Krallen schneiden, Zecken entfernen – dabei kann es immer mal ziepen oder unangenehm werden. Es ist daher besser, diese Aufgaben einem Erwachsenen zu überlassen. So wird das Vertrauen zwischen dir und deinem Hund nicht gefährdet. Du kannst aber prima dabei helfen, indem du zur Leckerchen-Assistentin wirst. Dazu musst du deinem Hund jedes Mal ein Stückchen Futter geben, wenn deine Mama oder dein Papa das „Clickwort" sagen. Was ein Clickwort ist, erklären wir dir gleich!

Achtung!

Vieles, was Hunden Spaß macht, ist nicht erlaubt (zum Beispiel Kaninchen hinterherzuhetzen). Schlau ist es, all diese unerwünschten Verhaltensweisen von Anfang an zu verhindern. So merkt der Hund erst gar nicht, was er verpasst.

Positives Hundetraining

Damit dein Hund im Alltag oder bei Spielen das tut, was du möchtest, muss er lernen, deine Signale zu befolgen. Er kann die Bedeutung von Wörtern wie „Hierher", „Sitz" oder „Bleib" lernen und auf bestimmte Handzeichen reagieren. Du wirst also für deinen Hund zum Lehrer oder zur Lehrerin.

Eine gute Lehrerin ist freundlich, fair, meckert nicht rum und sorgt dafür, dass ihre Schüler die Schulaufgaben spannend finden, denn Lernen funktioniert am besten, wenn es Spaß macht. Bei Hunden ist das ganz genauso. Sie merken sich sehr schnell Dinge, die sie begeistern und die sich für sie gut anfühlen. Leider lernen sie auf diese Art nicht immer nur das, was wir ihnen beibringen wollen.

Ein einfaches Mittel, um zu verhindern, dass dein Hund Quatsch lernt, ist die Hundeleine. Wenn dein Hund angeleint ist, kann er beispielsweise nicht zu anderen Hunden hinrennen. Stattdessen kannst du mit ihm spielen und ihm so zeigen, wie viel Spaß er mit dir haben kann.

Damit sich das Lernen von Signalen für den Hund gut anfühlt, benutzen wir ganz viel Lob, Clickertraining und verschiedene Belohnungen. Eine Belohnung kann alles sein, was der Hund toll findet, zum Beispiel Leckerchen, ein Zerrspiel, Ohrenkraulen, Leberwurst, ein Loch buddeln, mit Quietschespielzeug herumrennen, Hasenspuren schnüffeln und so weiter. Über manche Belohnungen kannst du gut

Foto © Madeleine Franck

Wenn Nemo etwas richtig macht, hört er erst einen Click und bekommt dann ein Leckerchen.

bestimmen (Futter, Spielen, Kraulen), andere sind frei verfügbar (Loch-Buddeln, Schnüffeln …) und deshalb im Training schwieriger einsetzbar.

„Wenn ich etwas Neues oder für den Hund sehr Langweiliges übe, dann gibt es dafür eine Superbelohnung. Nemo fand die Ablageübung für die Begleithundeprüfung erst nicht so spannend. Als er aber merkte, dass es dafür immer ein Schälchen Nassfutter gibt, machte er begeistert mit und bekam am Ende in der Prüfung volle Punktzahl für die Ablage."

Damit der Hund die Belohnung mit dem Verhalten verbindet, das wir belohnen wollen, muss alles sehr schnell gehen. Am besten klappt das Lernen, wenn höchstens zwei Sekunden zwischen Verhalten und Belohnung liegen. Das liegt daran, dass man dem Hund schlecht hinterher erklären kann, wofür er etwas bekommt. Und hier kommt das Clickertraining ins Spiel: Der Clicker ist ein kleines Plastikteil mit einem Knackfrosch, der ein Klickklack-Geräusch macht. Der Hund lernt zuerst, dass du ihm nach diesem Geräusch immer eine Belohnung gibst. Hat er das verstanden, hilft dir der Clicker bei der Verständigung und dabei, den Hund beim Üben zu begeistern.

Leckerchen

Falls dein Hund mit Trockenfutter gefüttert wird, kannst du die Hälfte seiner Ration beim Üben, Spielen und beim Spazierengehen verfüttern. Den Rest bekommt er dann zu Hause aus dem Napf, am besten aufgeteilt auf zwei Mahlzeiten. Verträgt er kein Fertigfutter, wird es etwas schwieriger: Kleine Fleischstückchen (frisch oder getrocknet) sind als Belohnung sehr beliebt oder du pürierst sein Futter mit dem Pürierstab ganz fein und füllst es in eine Futtertube.

Je schwieriger die Übung und je größer die Ablenkung, desto toller sollten die Belohnungen sein, die du benutzt. Hat dein Hund einmal etwas ganz besonders gut gemacht, belohne ihn statt mit einem Futterstückchen mit drei, vier oder sogar fünf Leckerchen nacheinander.

Die meisten Hunde lieben Wurst, Käse oder getrocknete Fleischstücke als Leckerchen. Extratoll finden sie Feuchtfutter aus dem Schälchen, einer Tüte oder Futtertube.

Clicker/Clickwort konditionieren

Bereite ein Schüsselchen mit kleinen, tollen Leckerchen vor, die du außer Reichweite deines Hundes stellst. Halte die Hand mit dem Clicker hinter deinem Rücken, wenn du die ersten paar Male clickst. Immer in dem Moment, wenn es „klickklack" macht, gibst du ihm mit der anderen Hand gleichzeitig ein Leckerchen.

Hat er keine Angst vor dem Geräusch, kannst du den Clicker nach vorn nehmen und weitermachen. Statt auf den Clicker zu drücken, kannst du auch einfach „Click" sagen. Mit jeder Wiederholung versteht dein Hund besser, dass das Klickklack/Clickwort Futter für ihn bedeutet. Diesen Ablauf nennt man Konditionierung.

Nach etwa 10–15-mal clicken kannst du anfangen, die Zeit zwischen Click und Leckerchen zu verlängern. Du sagst also erst „Click" und greifst danach zur Belohnung, statt gleichzeitig das Futter ins Maul zu schieben. Dann kannst du noch ein paar Sekunden länger warten und schließlich überprüfen, ob dein Hund es kapiert hat: Clicke, wenn er gerade in eine andere Richtung schaut. Dreht er sofort den Kopf zu dir zurück und fragt: „Wo bleibt mein Leckerchen?", hat das Konditionieren geklappt.

Stell dir zum Konditionieren besondere Leckerchen bereit.

Anfangs clickst und fütterst du gleichzeitig.

http://bit.ly/2udfCrL

In dem Moment, wenn du auf den Clicker drückst, fühlt sich der Hund sofort erfolgreich. Er weiß, dass er jetzt gerade etwas richtig gemacht hat und dann gleich dafür belohnt wird. Erfolgreich zu sein ist ein gutes Gefühl. Alles, was sich gut anfühlt, wird der Vierbeiner wiederholen. Zusätzlich ist es wichtig, den Hund mit der Stimme zu loben, damit er merkt, wie sehr du dich über seine Bemühungen freust.

Anstatt mit einem Clicker zu trainieren, kannst du auch ein Clickwort einüben. Das sollte ein kurzes Wort wie „Click" oder „Top" sein, das sich immer gleich anhört, wenn du es sagst. Der Vorteil des Clickworts ist, dass du dabei nichts in der Hand halten musst und beide Hände frei hast. Außerdem kann man das Clickwort nicht zu Hause vergessen, den Clicker schon.

Am besten wiederholst du die Clicker-Konditionierung ein paar Tage nacheinander. Dann kannst du den Clicker oder dein Clickwort im Training benutzen und so deinem Hund sagen, wann er eine richtige Entscheidung getroffen hat. Geclickt wird also immer dann, wenn er gerade etwas richtig macht.

Wir benutzen positive, also angenehme Trainingstechniken, weil wir unsere Hunde lieb haben und möchten, dass sie ohne Angst vor Strafe lernen können. Manchmal möchte man dem

Wichtig

Beim Training mit dir lernt dein Hund immer zwei Dinge:
wie eine Übung geht und wie sie sich anfühlt.

Wenn du „Sitz" als erstes zu Hause auf dem weichen Teppich übst, lernt er also:

- dass er sich mit dem Popo auf den Boden setzen soll.

- dass Sitzen sich gut anfühlt, weil du dich darüber freust, ihn lobst und belohnst.

Übst du das erste „Sitz" bei Regen auf einem steinigen Weg oder einer nassen Wiese, lernt er vielleicht:

- dass er sich mit dem Popo auf den Boden setzen soll.

- dass Sitzen nass, kalt und unangenehm ist – das merkt er sich, auch wenn er dafür Leckerchen und Lob bekommt.

Hat dein Hund ein blödes Gefühl bei einer Übung, wird er sie später nicht so gern ausführen. Wichtig ist vor allem der erste Eindruck, also sorge von Anfang an dafür, dass er das Training ganz toll findet. Der Clicker und das Clickwort helfen dir dabei, ein gutes Gefühl hervorzukitzeln.

Lockere Leine

Weißt du eigentlich, wie schwer euer Hund ist? Ein Labrador beispielsweise wiegt im Durchschnitt 35 bis 40 Kilogramm und damit genauso viel wie die meisten zehnjährigen Kinder. Zerrt ein solcher Hund an der Leine, kann er ein Kind einfach mitziehen. Daraus können gefährliche Situationen entstehen, zum Beispiel wenn der Hund hinter einer Katze her auf die Straße rennen will oder Ähnliches.

Wenn euer Hund schwerer ist als du, müssen deine Eltern zuerst mit ihm üben, dass er nicht an der Leine ziehen darf. Nur wenn er schon gelernt hat, brav an lockerer Leine zu laufen, kannst auch du ihn angeleint führen.

Hund etwas Gutes tun, das er aber gar nicht als belohnend empfindet. Das beste Beispiel dafür ist Streicheln und Durchkraulen in Trainingssituationen. Viele Hunde kuscheln sehr gern zu Hause auf dem Sofa, aber nicht beim Spaziergang oder beim Üben. Für einen solchen Hund ist es keine Belohnung, sondern sogar eine kleine Strafe, wenn du ihn nach dem Abrufen freundlich über den Kopf streichelst. Er wird dann nur ungern zu dir herkommen.

Beobachte daher wie immer ganz genau die Körpersprache deines Hundes: Freut er sich, wenn deine Hand sich zum Streicheln auf ihn zubewegt? Oder dreht er schnell den Kopf weg und hat eigentlich „keine Zeit" zum Stillhalten? Dann lobe ihn lieber überschwänglich mit deiner Stimme, wirf ihm seinen Ball oder gib ihm ein Leckerchen fürs Herkommen.

Nemo und Sheltie haben mit vielen Clicks und Leckerchen gelernt, an lockerer Leine zu laufen.

Foto © Madeleine Franz

Spaziergänge

Dein Hund braucht jeden Tag mehrere kleine Gassigänge und mindestens einen großen Spaziergang. Wie lange er laufen muss und wie viel Beschäftigung er zusätzlich braucht, um zufrieden und ausgeglichen zu sein, hängt von seiner Rasse und seinem Alter ab. Auf seinen täglichen Ausflügen in die Natur will er sich bewegen und austoben, aber auch in Ruhe schnüffeln.

Nimm dir zu jedem Spaziergang eine Handvoll Leckerchen oder einen Teil des Futters mit. Damit kannst du ihn zwischendurch dafür belohnen, dass er auf dich achtet, nicht an der Leine zieht oder herkommt, wenn du ihn rufst. Du kannst damit auch Rätsel und Schnüffelspiele als Beschäftigung für ihn vorbereiten und ihn dann zum Suchen schicken.

Aufmerksamkeit

Erinnerst du dich: Ein „Click" sagt deinem Hund, dass er gerade etwas richtig gemacht hat. Auf dem Spaziergang kannst du immer „Click" sagen, wenn er sich kurz mal zu dir umsieht. Danach bekommt er eine Belohnung von dir und du wirst sehen, dass er sehr bald viel aufmerksamer auf dich achtet.

Foto © Madeleine Franck

Ist dein Hund beim Spaziergang eher unaufmerksam, clicke und belohne jedes Mal, wenn er sich zu dir umdreht.

Oft beißt ein Hund beim Spaziergang in die Leine, weil er sich wünscht, dass man mehr Zerrspiele mit ihm macht.

Wenn er gern rennt, dann mach doch zwischendurch ein kleines Wettrennen mit ihm! Dazu kannst du ihm sagen, dass er im Platz warten soll, während du dir einen Vorsprung nimmst. Hat euer Hund noch kein Platz und Bleib gelernt, kann er auch von einem Erwachsenen festgehalten werden. Wenn du ein paar Meter Abstand hast, rufst du ihn und rennst los. Sobald er dich eingeholt hat, bekommt er natürlich ein Leckerchen.

Im Wald könnt ihr statt Wettrennen auch Verstecken spielen. Dazu brauchst du mindestens einen weiteren Mitspieler, der deinem Hund kurz die Augen zuhält. Halte ihm deine Hand mit einem Futterstück vor die Nase und versteck dich dann schnell außer Sicht hinter einen Baum. Falls dein Hund Augen-Zuhalten nicht mag, dreht dein Mitspieler ihn stattdessen in die entgegengesetzte Richtung und verstreut ein paar Leckerchen zum Schnüffeln auf dem Boden. So ist er abgelenkt, während du verschwindest. Sobald du außer Sicht bist, lässt dein zweibeiniger Mitspieler den Hund los und schickt ihn mit den Worten „Wo ist (dein Name)?" los. Die ersten paar Male kannst du ihm helfen, indem du ihn zusätzlich rufst. Bald wird er das Spiel verstanden haben und dich von allein suchen. Hat er dich gefunden, bekommt er das vorher versprochene Futterstück.

Spaziergänge sind ein wichtiger Punkt im Tagesplan deines Hundes. Je mehr schöne Erlebnisse du mit ihm dabei hast, desto enger wird eure Freundschaft.

Spielen

Hunde haben verschiedene Spielvorlieben. Vor allem Welpen und junge Hunde finden alles spannend, was sich bewegt. Sie wollen es verfolgen, fangen und reinbeißen. Ein junger Hund muss daher Spielregeln lernen, damit es nicht gefährlich wird. Er muss verstehen, dass er nur in ein Spielzeug und nicht in Finger, Hosen oder Ärmel beißen darf. Die Regeln müssen unbedingt deine Eltern mit ihm üben, bevor du mit ihm spielen kannst.

Am besten benutzt ihr immer das gleiche Spielwort wie „Schnapp's dir", um das Spiel zu beginnen. Es ist schlau, den Hund immer vorher sitzen zu lassen, bevor du ihm erlaubst, ins Spielzeug zu beißen. So lernt er nämlich, sich zusammenzureißen und nicht auf die Bewegung zu reagieren. Steht er auf, ohne das „Schnapp's dir" gehört zu haben, sagst du „Ups", brichst das Spiel ab und lässt ihn wieder Sitz machen.

Spieletipp

Ein beliebtes Spiel für eher langweilige Spazierstrecken ist das Leckerchenrollen. Das funktioniert am besten auf asphaltierten Wegen und du brauchst dazu runde Leckerchen oder Futterkugeln. Rolle nun immer ein Leckerchen, das er fangen darf, vor der Nase deines Hundes über den Boden. Am einfachsten lassen sich Futterkugeln natürlich einen Abhang hinunterrollen, mit ein bisschen mehr Schwung klappt das aber auch auf flacher Strecke.

http://bit.ly/2vBHUfY

Foto © Madeleine Franck

Eine solche „Verbeugung" ist eine Aufforderung zum Spielen!

Spielzeugangel

Wenn dein Hund es liebt, ein Spielzeug zu jagen, kannst du ihm mit einer Spielzeugangel sicher großen Spaß bereiten. Such dir dazu im Garten oder Wald einen langen dünnen Stock. Schnitze an einem Ende mit einem Taschenmesser eine schmale Einbuchtung um die Spitze ins Holz. Dort befestigst du dann ein dünnes Seil, sodass eine Angel entsteht. An das andere Ende der Angelschnur bindest du dann ein Spielzeug.

Nun kannst du deinen Hund das Spielzeug verfolgen lassen, während du es mit der Angel im Zickzack knapp über den Boden fliegen lässt. Aber: Achte auch hierbei auf die Spielregeln!

Gemeinsame Zerrspiele machen Spaß und stärken die Bindung.

Wenn du „Aus" sagst, soll der Hund das Spielzeug sofort loslassen. Das klappt am besten, indem du es gegen Leckerchen tauschst. Zerrspiele sind eine ganz tolle Sache, um die Bindung eines Hundes an seine Menschen zu verstärken. Wichtig ist allerdings, dass sich alle Familienmitglieder auch an die Spielregeln halten. Wenn euer Hund so groß und schwer ist, dass er dich beim Zerren umreißt, ist dieses Spiel aber leider nichts für euch.

Für Hundefreundschaften hat Spielen eine wichtige Bedeutung. Wenn ein Hund sehr viel mit seinen Hundekumpeln spielt, kann es passieren, dass das Spielen mit seinen menschlichen Familienmitgliedern für ihn uninteressant wird. Das bedeutet gleichzeitig, dass die Menschen im Vergleich zu anderen Hunden langweilig für ihn sind. Wenn dein Hund dich nicht mehr beachtet, sobald er Artgenossen trifft, solltest du zu Hause ganz viel mit ihm spielen.

Liebt er es, geworfene Spielzeuge zurückzubringen, kannst du auch das mit ihm spielen. Locke ihn zum Beispiel zwischendurch mit angetäuschten Würfen in die falsche Richtung und wirf dann schnell in die andere. Lass ihn mal Sitz oder Platz machen, bevor der Ball fliegt. Achte aber darauf, dass er sich nicht zu sehr ins Spiel hineinsteigert. Bei manchen Hunden wird die Aufregung schnell zu groß und du solltest schon nach drei- oder viermal werfen aufhören.

Zeichnung © Shutterstock.com/Margarita Miller

Zu den Spielregeln gehört es, dass der Hund brav auf das Spielwort wartet, bevor er ins Spielzeug schnappt.

Wichtig!

Benutze für Wurfspiele ein Hundespielzeug, kein Stöckchen. Es passiert immer wieder, dass Hunde sich beim Spiel ein Stöckchen in den Rachen rammen und sich dadurch sehr schwer verletzen.

Foto © Madeleine Frahn

Kuscheln

Ruhige, entspannte Schmusezeiten sind ebenfalls ein wichtiger Baustein beim Aufbau einer engen Freundschaft. Leben mehrere Hunde in einem Haushalt, liegen diese oft gemeinsam in einem Körbchen und schlafen eng aneinander gekuschelt. Man nennt das „Kontaktliegen", wenn ein Hund sich Seite an Seite liegend mit jemandem gemeinsam ausruht. Du kannst dich dazu mit ihm auf einen gemütlichen Teppich oder eine Decke legen oder deinen Hund mit ins Bett nehmen, falls deine Eltern das erlauben. Streichle ihm dabei sanft und gleichmäßig über sein Fell.

Was dann im Hundekörper passiert, hat mehrere positive Folgen: Durch das Kuscheln werden im Hund Botenstoffe ausgeschüttet, die für Wohlbefinden sorgen. Diese Stoffe verringern Stress und Ängste, weshalb es auch so hilfreich ist, deinen Hund durch ruhiges Streicheln und gutes Zureden zu trösten, wenn er sich vor etwas fürchtet. Außerdem wird ein Botenstoff ausgeschüttet, der „Bindungshormon" genannt wird, weil er die (Ver-)Bindung zwischen den Kuschelpartnern verstärkt. Und genau das wollen wir erreichen.

Als echter Hundefreund hast du bestimmt nichts dagegen, wenn dein Vierbeiner dir ein „Küsschen" gibt, oder? Es ist ein schöner Liebes- und Vertrauensbeweis deines Hundes, wenn er sich gern von dir schmusen lässt und dabei selbst seine Zunge einsetzt. Trotzdem solltest du darauf achten, dass er dich nicht im Gesicht erwischt, und deine Hände waschen, nachdem du geleckt wurdest. Hunde stecken ihre Nasen und Schnauzen leider auch in ziemlich ekelige Dinge und können Krankheiten und Würmer mit ihrem Speichel übertragen.

Denk immer daran, die Körpersprache deines Hundes zu beobachten: Mag er wirklich, wie du mit ihm kuscheln willst? Viele Hunde mögen es beispielsweise nicht, geküsst zu werden, oder finden es unheimlich, wenn ein Kind sein Gesicht ganz nah an ihren Kopf heranlegt. Ist dein Vierbeiner ein Kuschelmuffel, muss er vielleicht erst noch lernen, den Körperkontakt zu genießen. Sei dann besonders vorsichtig und versuche herauszufinden, welches seine Lieblingskraulstellen sind. Die meisten Hunde werden gern vorn an der Brust gekrault oder seitlich am Hals hinter den Ohren. Über den Kopf streicheln finden dagegen viele blöd. Respektiere immer seine Grenzen und zeige deinem Hund lieber an seinen Lieblingsstellen, wie schön es sich für ihn anfühlen kann, sich von dir streicheln zu lassen.

Foto © Shutterstock.com / Anna Hoychuk

Kuscheln ist dann gut für die Freundschaft, wenn der Hund den Körperkontakt entspannt genießen kann.

Hunde erziehen und beschäftigen

Damit der Alltag mit deinem Hund entspannt und ohne Probleme verläuft, sollte er ein paar Grundübungen kennen. Außerdem ist es wichtig, dass es ihm gut geht und er alles bekommt, was er braucht. Nur ein ausgeglichener Hund kann sich brav verhalten. Hunde brauchen Futter, Wasser, Bewegung, Beschäftigung, Liebe und Aufmerksamkeit von ihren Menschen. Sie wollen Dinge zerkauen, in Ruhe schlafen dürfen, wünschen sich aber auch ein bisschen Action.

Der Ball fliegt in die Schüssel, da fällt Mila das Sitz nicht leicht.

Alltagsübungen

Am besten lernt dein Hund diese Übungen schon von deinen Eltern und du musst sie nur übernehmen. Ihr solltet euch auf die gleichen Worte und Zeichen einigen, denn sonst wird es verwirrend für den Hund. Wenn hier steht, dass du clicken sollst, kannst du stattdessen natürlich auch dein Clickwort benutzen.

Beim Training gilt immer: Lieber nur kurz üben, damit es nicht langweilig wird. Trotzdem braucht der Hund immer mehrere Wiederholungen nacheinander, damit er sich etwas Neues merken kann.

Achte darauf, die Übungen zuerst in Ruhe zu Hause zu üben, und erst wenn sie gut klappen, trainierst du in anderen Umgebungen. Damit der Hund sie auch auf dem Spaziergang ausführt, wenn er andere Hunde oder hoppelnde Kaninchen sieht, müssen sie ihm wichtig sein. Es muss ihm Spaß machen, sie zu lernen, und er sollte tolle Belohnungen bekommen. Außerdem kannst du dir immer neue Möglichkeiten zur Ablenkung ausdenken.

Hundeschule

In einer Hundeschule kann ein Hundetrainer dir dabei helfen, mit deinem Hund die Alltagsübungen zu trainieren. Viele Hundeschulen bieten sogar extra Kurse für Kinder an. Vielleicht findest du dort neue Freunde mit dem gleichen Hobby und ihr könnt gemeinsam eure Hunde beschäftigen. Das Training in der Hundeschule sollte immer Spaß machen. Es sollte mit Belohnungen geübt und nicht mit den Hunden geschimpft werden.

http://bit.ly/2vA69KR

Zeichnung © Shutterstock.com/KostanPROFF

Aufmerksamkeit

Hier geht es darum, dass dein vierbeiniger Freund dich sofort anschaut, wenn du etwas von ihm willst. Sprich ihn in einem freundlichen Tonfall mit seinem Namen an und clicke, sobald er dir ins Gesicht schaut. Wiederhole den Namen lieber nicht, wenn er nicht sofort schaut. Mache in dem Fall lieber Schnalz- oder Kussgeräusche mit dem Mund, um seine Aufmerksamkeit zu bekommen. Das Leckerchen gibst du am besten so, dass du es nach dem Clicken erst einmal kurz vor dein Gesicht hältst und von oben herab fütterst. So versteht dein Hund besser, dass es ums Anschauen geht. Denke daran, ihn tüchtig mit der Stimme zu loben, damit er merkt, wie sehr du dich freust.

Sontje hebt das Leckerchen extra hoch, damit Sheltie ihr ins Gesicht schaut.

Herkommen

Dass dein Hund sofort zu dir kommt, wenn du ihn rufst, ist die wichtigste Übung von allen. Daher solltest du das Herkommen extra viel trainieren. Anfangs übst du am besten mit einer langen Leine und erst, wenn dein Hund wirklich sehr gut auf dich hört, auch ohne.

Rufe deinen Hund immer mit seinem Namen und einem Abrufwort, also zum Beispiel: „Benny, hiiiier!" Achte darauf, immer laut, aber freundlich zu rufen und sofort zu clicken, wenn er losläuft. Lobe ihn ganz besonders auf seinem Weg zu dir, und wenn er ankommt, bekommt er sein Leckerchen oder ein kurzes Spiel als Belohnung. Jetzt darf dein Hund wieder laufen bis zum nächsten Abrufen.

Wenn der Hund ankommt, wird er immer gelobt und belohnt! Auch wenn er einmal länger gebraucht hat. Bitte niemals beim Herkommen meckern, sonst wird er nächstes Mal noch weniger Lust dazu haben.

Abrufen kann man wunderbar zu zweit hin und her üben.

Klappt das Abrufwort, solltest du immer mehr Ablenkung wie Spielzeug und Futter in die Übung einbauen.

Was kannst du machen, wenn er einmal nicht sofort kommt? Laufe nach dem Abrufen ganz schnell von ihm weg, sodass er ein wenig Angst bekommt, dich zu verlieren. Damit er merkt, dass du wegläufst, solltest du beim Rennen in die Hände klatschen oder Indianergeheul machen. Das führt fast immer dazu, dass der Hund sofort kommt, sodass du wieder clicken, loben und belohnen kannst. Der Trick ist, dem Hund keine Zeit für etwas anderes zu lassen, wenn du ihn gerufen hast.

Sitz

Als Vorübung soll der Hund lernen, dass er sofort mitkommt, wenn du sanft an der Leine ziehst. Dies übst du, indem du vorsichtig an der Leine ziehst und clickst, wenn dein Hund sich in Bewegung setzt. Locke ihn mit einem Leckerchen, falls er zunächst nicht mitkommen will. Vergiss nicht, tüchtig zu loben, wenn er es gut macht.

Leine den Hund zum Sitz-Üben an und nimm ein paar Leckerchen in die geschlossene Hand. Nun bewegst du sie vor der Nase des Hundes hin und her. Er soll ein wenig „heiß" gemacht werden, damit er gespannt darauf ist, was nun passiert. Dann bewegst du deine Hand direkt vor seiner Nase nach oben und ein bisschen nach hinten über seinen Kopf. Meist setzt der Hund sich sofort und nun clickst und fütterst du ein paarmal nacheinander und lobst ihn ganz begeistert. Dabei sollte er möglichst richtig sitzen und mit den Vorderpfoten am Boden bleiben.

Bevor deine Leckerchen alle sind, sagst du dem Hund mit einem Wort, dass er aufstehen soll. Dieses Auflösungswort kann zum Beispiel „Okay", „Fertig" oder „Auf" sein. Sofort nach diesem Wort sorgst du dafür, dass er aufsteht, indem du ihn sanft mit der Leine zum Aufstehen bringst. Danach lobst und belohnst du ihn besser nicht, denn er soll ja das Sitzen gut finden und nicht das Aufstehen. Dann wiederholst du die Übung und du wirst sehen, dass es mit jedem Mal besser klappt.

Nun fragst du dich vielleicht, warum du nicht einfach „Sitz" zu deinem Hund sagen sollst. Beim Training ist es immer besser, erst einmal die Übung gut zu trainieren und dem Hund später zu sagen, wie sie heißt. So gehst du sicher, dass dein Hund das Wort nur mit dem richtig gelernten Verhalten verbindet.

Foto © Madeleine Franck

Maya lockt Pearly mit einem Leckerchen ins Sitz.

Wenn also alles gut klappt, kannst du das „Sitz" immer sagen, kurz bevor du mit dem Futter lockst. Haben deine Eltern das Wort „Sitz" schon mit eurem Hund geübt, kannst du es natürlich von Anfang an benutzen. Nach ungefähr 30 bis 50 Wiederholungen werden das Locken mit der Futterhand zum Hinsetzen und auch das Nachhelfen mit der Leine beim Aufstehen nicht mehr nötig sein.

Platz

Das Hinlegen kannst du genauso üben wie Sitz, nur dass du den Hund nun mit der Futterhand vor der Nase zum Boden lockst. Dabei solltest du die geschlossene Hand mit den Fingern nach unten halten. Clicke und füttere anfangs auch, wenn dein Hund nur mit den Vorderbeinen „Platz" macht. Nach ein paar Wiederholungen wartest du mit dem Clicken und Füttern aber, bis auch das Hinterteil auf dem Boden ist.

Um Pearly ins Platz zu locken, bewegt Maya ihre Hand mit dem Futter in einer schnellen Bewegung bis auf den Boden.

Wort oder Handzeichen?

Hunde lernen sehr schnell Handzeichen, weil sie sowieso gut auf Körpersprache achten. Für deinen Vierbeiner wird deine Handbewegung nach kurzem Üben auch ohne Leckerchen in der Hand zum Signal zum Hinsetzen.

Schwieriger ist es für den Hund, das passende Wort zu lernen. Vor allem, wenn er sich auf deine Bewegungen konzentriert, hört er meist gar nicht richtig zu, was du nebenbei sagst. Daher ist die Reihenfolge wichtig, wenn er die Übung verstanden hat und du ihm dann das Signalwort beibringen willst: Erst „Sitz" sagen, 1 Sekunde warten, dann Handbewegung machen.

Foto © Madeleine Franck

Erst wenn dein Hund immer der Lockbewegung in die richtige Position folgt, sagst du das Wort fürs Hinlegen dazu, zum Beispiel „Platz". Gib das Kommando auch hier kurz vor dem Locken und achte darauf, die Übung mit dem Auflösungswort zu beenden.

Bleiben

Am besten übst du das Bleiben erst einmal mit der Sitz-Übung. Wenn dein Hund das Hinsetzen bis zum Auflösungswort verstanden hat, beginnst du kleine Bewegungen zur Ablenkung zu machen und clickst dafür, dass er trotzdem sitzen bleibt. Sollte er aufstehen, sage „Ups" und locke ihn sofort mit der Futterhand zurück in die Position.

Mit dem Clicker kann Maya ihren Nemo aus der Entfernung fürs Bleiben bestätigen.

Wenn das gelingt, kannst du dich ein wenig von ihm wegbewegen, clicken und dann immer zum Belohnen zu ihm zurückgehen. Anfangs gehst du nur einen Minischritt, und je besser es klappt, desto weiter kannst du gehen. Achte darauf, dass dein Hund erst mit dem Auflösungswort aufsteht und nicht vorher. Sollte er zu früh aufstehen, bringe ihn mit der Futterhand und dem Sitz-Wort schnell wieder zurück ins Sitzen.

Seine Belohnung bekommt Nemo dann von Maya gebracht, damit er in der Position bleibt bis zum Auflösungswort.

Bestimmt fragst du dich wieder, wann du nun ein Wort fürs Bleiben sagst. Das solltest du auch hier erst machen, wenn er das Warten schon ganz gut kann. Sage einfach das

Wort „Warte" oder „Bleib", bevor du von ihm weggehst. Wenn das Warten im Sitz gut klappt, übe es genauso mit der Platz-Übung. Das gelernte Warte-Wort kannst du dann auch in anderen Situationen einsetzen, zum Beispiel, wenn dein Hund vor einer offenen Tür, an der Straße oder beim Aussteigen aus dem Auto warten soll.

Nein

Das Wort „Nein" soll für den Hund bedeuten, sofort mit dem aufzuhören, was er gerade (Unerlaubtes) tut. Das Gefühl, das wir dabei trainieren wollen, soll aber keine Angst vor Schimpfen sein. Stattdessen muss er wissen, dass er gleich eine Belohnung bekommt, wenn er wieder brav ist.

Sontje sagt „Nein" und belohnt Sheltie dafür, dass er seinen Blick vom Futter abwendet.

Zum Training legst du leckere Dinge auf dem Boden aus, wie ein Stück Brot, Kauknochen und Hundekekse. Gehe mit deinem angeleinten Hund zuerst zu der Verlockung, die er am wenigsten toll findet. Sobald er sich dafür interessiert, also wenn er hingehen will, sagst du „Nein" und ziehst ihn dann sanft von dort weg. Achte darauf, immer erst „Nein" zu sagen und danach erst die Leine einzusetzen. Nur dann wirst du später nicht mehr mit der Leine helfen müssen.

Sheltie sieht die Futterstücke am Boden, kann sie aber nicht nehmen, weil er angeleint ist.

 **TIPP**

Diese Übung klappt am besten, wenn du mit Leckerchen belohnst, die dein Hund sehr gern haben möchte. Hundeleberwurst aus der Tube, kleine Fleischstückchen oder Käsewürfel finden die meisten Vierbeiner richtig gut.

Sobald der Hund mitkommt, clickst du, belohnst ihn und lobst ihn tüchtig. Wiederhole die Übung an diesem Gegenstand, bis er ohne Leinenhilfe auf das „Nein" reagiert, und dann kommt die nächste Verlockung dran.

Als nächsten Übungsschritt übst du mit Sachen, die auf dem Spazierweg herumliegen. Das könnte weggeworfenes Bonbonpapier, ein alte Pommestüte oder ein Haufen Pferdeäpfel sein. Bitte unbedingt einen Erwachsenen um Hilfe, wenn dein Hund stärker ist als du, damit er dich nicht bis zur ausgelegten Verlockung hinter sich herziehen kann.

So wie das Wort fürs Bleiben, kannst du auch das „Nein" für andere Situationen verwenden, wenn der Hund es verstanden hat. Du kannst zum Beispiel „Nein" sagen, wenn der Hund dich anspringt oder wenn er am Esstisch schnüffelt.

Foto © Madeleine Franck

Livia holt ein Leckerchen aus der Tasche, damit sie Banjo gleich fürs „Aus"-Geben belohnen kann.

Aus

Wenn er dieses Wort hört, soll dein Hund ausspucken, was er gerade im Maul hat. Man kann es zum Beispiel einsetzen, wenn er etwas Verbotenes aufgenommen hat oder wenn er das Spielzeug abgeben soll.

Am Anfang übe am besten mit einer ganz langweiligen Kaustange, die du dem Hund zum Kauen gibst. Nun sagst du „Aus" und bietest deinem Hund gleichzeitig eine Handvoll Superleckerchen an. Er soll so überrascht sein, dass er die Stange ausspuckt, um die Leckerchen zu fressen. Nun gibst du ihm die Stange wieder und wiederholst die Übung ein paarmal. Wichtig ist, dass du immer erst das Wort sagst und danach sofort das Futter anbietest. Wenn es mit der langweiligen Kaustange gut klappt, trainierst du auch mit anderen Kausachen und Spielzeugen.

Achtung!

Wenn dein Hund bei diesem Training knurrt oder sich komisch verhält, brich sofort ab. Manche Hunde haben ein Problem damit, Dinge herzugeben, und mit ihnen sollte dann lieber ein Erwachsener üben.

Hundesport

Hundesportarten bieten eine schöne Möglichkeit, um den Vierbeiner zu beschäftigen und seinem Bewegungsbedürfnis gerecht zu werden. Bei vielen Sportarten nehmen auch Kinder teil, die es manchmal mit ihren Hunden besser machen als die Großen. In allen Bereichen müssen die Hunde erst in vielen Trainingsstunden im Verein oder in der Hundeschule ausgebildet werden, bevor man bei Prüfungen oder Turnieren mitmachen kann. Dabei sollte immer der Spaß für Mensch und Hund das Wichtigste sein, nicht die Pokale und Preise.

„Ich bin immer total aufgeregt, wenn ich mit Sheltie bei einem Agilityturnier am Start stehe. Anfangs hatte ich auch Angst, dass Sheltie sich durch die Turnieratmosphäre ablenken lässt und vielleicht nicht mehr auf mich achtet. Er ist aber immer ganz brav und macht nur, was ich sage. Fehler passieren uns natürlich trotzdem, und es ist schwierig, sich den richtigen Weg im Parcours zu merken. Aber vor allem macht es Spaß und ich bin superstolz, wenn wir gemeinsam im Ziel ankommen!"

Foto © Aart van Laar

Agility ist ein toller Sport für Kinder und ihre Hunde!

Agility

Agility ist ein englischer Begriff, der auf Deutsch „Geschicklichkeit" bedeutet. Der Hund wird von seinem Menschen ohne Leine und Halsband durch einen Parcours aus Sprunghürden, Kletterhindernissen, Tunneln und Slalom geführt. Dabei benutzt man Worte und Gesten, um dem Hund zu zeigen, wo es langgeht. Bei Turnieren gewinnt das Team aus Mensch und Hund mit den wenigsten Fehlern und der schnellsten Zeit. Bei fast jedem Turnier sind auch Kinder mit ihren Hunden am Start.

Wenn du richtig Agility trainieren möchtest, geht das am besten in einem Hundesportverein oder einer guten Hundeschule. Du kannst deinem Hund aber auch zum Spaß im Wohnzimmer oder im Garten einen kleinen Parcours aufbauen. Aus Kar-

tons und Besenstielen werden schnell niedrige Sprunghürden, und ein Brett über einem kurzen Balken ist eine gute Wippe. Wenn du Stühle nebeneinanderstellst, hast du eine Art Laufsteg, und für Wohnzimmeragility reicht auch ein Stofftunnel für Kinder. Einen Slalom kannst du aus PET-Flaschen aufstellen und deinen Vierbeiner hindurchlotsen. Bestimmt hast du auch selbst noch Ideen.

Achte darauf, dass dein Hund sich im Parcours nicht wehtun kann. Bringe ihm jedes deiner Hindernisse erst einzeln bei. Locke ihn dazu anfangs mit Leckerchen, denke daran, viel zu clicken, zu belohnen und zu loben. Wenn dein Hund einmal keine Lust hat, lass ihn lieber in Ruhe oder mach etwas anderes mit ihm.

Um im Turnier fehlerfrei zu bleiben, muss der Hund sehr gut auf die Signale seines Menschen achten.

http://bit.ly/2hx5Ta8

Obedience

Auch diese Sportart kommt aus England und man kann den Begriff mit „Gehorsam" übersetzen. Die Hunde müssen beispielsweise ganz exakt links neben dem Menschen „Fußgehen", Apportieren und auf Entfernung zwischen Sitz, Platz und Steh wechseln. Bei Bleib-Übungen dürfen sie keine Pfote versetzen, selbst wenn der Mensch für Minuten außer Sicht verschwindet. Es gewinnt das Team, das am wenigsten Fehlerpunkte abgezogen bekommt.

Rally Obedience

Diese Sportart ist aus dem Obedience entstanden, aber hier läuft man wie im Agility mit dem Hund einen ausgeschilderten Parcours ab. Auf den Schildern steht, welche Übung man zeigen muss, sodass es immer abwechslungsreich bleibt. Beispielsweise muss der Hund kurz sitzen, während man ihn einmal umrundet, oder beide sollen beim Fußgehen eine Kehrtwendung machen. Es gewinnt das schnellste Team mit den wenigsten Fehlern.

Hoopers Agility

„Hoop" heißt auf Deutsch „Reifen", und bei dieser Sportart müssen die Hunde nicht über Hürden springen, sondern laufen durch aufgestellte Reifen oder Bögen. Außerdem werden oft auch Tunnel, Zäune, Kegel und Tonnen eingesetzt und damit ein Parcours aufgebaut. Der Vorteil ist, dass auch Hunde mitmachen können, für die das normale Agility aus gesundheitlichen Gründen nicht geeignet ist.

Dogdancing

„Dogdancing" bedeutet „Hundetanzen", und hier geht es darum, gemeinsam mit dem Hund passend zur Musik verschiedenste Tricks und Bewegungen vorzuführen. Es ist ganz schön schwer, dem Hund alles beizubringen und es dann im Takt der Musik abzurufen. Manchmal tanzen auch Kinder mit ihrem Hund auf Shows und Wettkämpfen, das Üben macht auf jeden Fall sehr viel Spaß.

Mantrailing

Diese spannende Sportart heißt übersetzt „Menschensuche". Ursprünglich ist Mantrailing ein Beruf für Polizeihunde und ehrenamtliche Rettungshunde, die bei der Suche nach vermissten Personen helfen. Als Hobby ist es aber auch eine tolle Beschäftigung für alle Hunde, die gern mit ihrer Nase arbeiten. Der Hund muss dabei den Geruchsspuren einer bestimmten Person folgen, um sie in ihrem Versteck zu finden.

Tricktraining

http://bit.ly/2v6HL2R

Mit deinem Hund Tricks zu üben, macht nicht nur euch beiden Spaß. Du kannst daraus auch eine kleine Vorführung für deine Oma und deinen Opa oder Freunde zusammenstellen.

Dieser Trick kommt bei Vorführungen besonders gut an.

Pfote geben

Dieser Trick ist ein Klassiker, mit dem du gut anfangen kannst. Lass deinen Hund vor dir sitzen und knie dich zu ihm hinunter. Berühre sein Vorderbein knapp über der Pfote mit der Hand und sage sofort dein Clickwort, wenn er das Bein bewegt oder gar die Pfote anhebt. Loben und Füttern nicht vergessen!

Nach ein paar Wiederholungen brauchst du wahrscheinlich die Hand nur noch in Richtung des Beins zu bewegen, dann wird er schon reagieren. Versuche nun deine offene Handfläche unter die Pfote zu schieben, während er sie hebt. Dein Clickwort sagst du von nun an immer erst, wenn sich Pfote und Handfläche berühren.

Nemo weiß, dass er nicht an Leckerchen in der Hand heran-darf. Deshalb hat er Pfotegeben durch Antippen des Beins gelernt.

Nach dem ersten Click und Leckerchen fürs Pfotegeben kannst du weitere Clicks und Futterstücke dafür verteilen, dass dein Hund seine Pfote auch auf deiner Hand lässt. Versuche ihn regelrecht in der Position „festzufüttern". Klappt all das gut, ist es Zeit, ihm das Wort beizubringen, also „Pfote". Sag es wie immer, kurz bevor du deine Handbewegung machst, und fertig ist der Pfotentrick.

Kinn ablegen

Es ist sowohl süß anzuschauen als auch sehr praktisch, wenn der Hund seinen Kopf auf Kommando ablegt. Lege dazu deine flache Hand unter sein Kinn, sage dein Clickwort und füttere ihn aus der anderen Hand von unten. Er soll die Leckerchen so geliefert bekommen, dass er seinen Kopf nicht aus deiner Hand herausbewegen muss, um sie zu fressen. Du fütterst ihn also von Anfang an in der Position fest und kannst dann dein Auflösungswort „Okay" benutzen, bevor du die Hand wegnimmst.

Wenn dein Hund seinen Kopf ablegen kann, ergibt das süße Fotomotive.

Hat er nach ein paar Wiederholungen verstanden, dass „Kinn auf der Hand = Futter" bedeutet, halte ihm deine Hand auffordernd ein paar Zentimeter vor den Kopf. Warte jetzt, bis er sein Kinn von allein darauflegt. Dann kannst du wieder clicken, belohnen und auflösen. Sage ihm nun auch, wie der Trick heißt, zum Beispiel „Kinn", immer bevor du belohnst.

Als Nächstes bringst du ihm bei, sein Kinn wie festgeklebt in deiner Hand zu lassen. Dazu bewegst du sie ganz vorsichtig ein bisschen und lockst den Hund mit den Leckerchen aus der Belohnungshand, damit er folgt. Hört sich komplizierter an, als es ist. Wenn du bisher immer mehrfach geclickt und belohnt hast, wird dein Hund sich bemühen, bis zum Auflösungswort die Position zu halten. Erinnere ihn sonst mit dem Wort „Kinn" daran. Folgt er der Bewegung, kannst du deine Kleberhand auch mal auf deinem Bein oder an einer anderen Stelle ablegen. Für Fotos sieht es sehr süß aus, wenn das Kinn deines Hundes auf deiner Schulter oder deinem Bein liegt.

Theke und Kuckuck

Bei „Theke" soll dein Hund lernen, seine Pfoten auf einem Geländer oder deinem Arm abzustützen. Das klappt meist ganz schnell, wenn du ihn mit einem Leckerchen vor der Nase in die Luft lockst. Hebt er die Vorderpfoten vom Boden ab, sagst du „Click" und belohnst ihn. Schritt für Schritt lockst du ihn dann immer höher.

Sheltie macht „Theke"
an einem Geländer.

Teppich ausrollen

Dieser Trick eignet sich vor allem für verfressene Hunde, die für ein Leckerchen alles tun würden. Du brauchst einen kleinen festen Teppich, zum Beispiel eine Badezimmermatte. Lass deinen Hund sitzen und lege ein Futterstück nah auf den Rand des Teppichs. Dann sagst du: „Okay, ausrollen", damit er aufstehen und es fressen darf.

Da er sich bestimmt nicht so lange mit den Hinterpfoten in der Luft halten kann, wird er froh sein, wenn es etwas zum Abstützen gibt. Du kannst anfangs zum Beispiel einen Stuhl nehmen, auf den er die Vorderpfoten stellen darf. Stelle den Stuhl zwischen dich und den Hund und locke seine Pfoten hinauf, um ihn dann wieder festzuclicken und zu füttern. Bringe ihm dann ein Wortsignal („Theke") bei, das du sagst, bevor du lockst. Warte nach ein paar Wiederholungen ab, ob er auch nur auf das Wort reagiert und du das Locken weglassen kannst.

Nun kannst du Theke auch an einem Geländer üben oder deinen Arm als Geländer benutzen. Hat dein Hund verstanden, dass er sich auf deinem Arm abstützen soll, lässt sich daraus gleich ein weiterer Trick basteln. Locke seine Nase unter deinen Arm, während seine Pfoten daraufbleiben. Schon hast du einen „Kuckuck"-Trick!

Du wunderst dich vielleicht, wieso jetzt schon das Wort „ausrollen" dazukommt, obwohl der Hund nur frisst. Diesmal sagen wir dem Hund von Anfang an, was er tun soll, und wie das geht, lernt er nebenbei. Nachdem er zweimal das Leckerchen einfach so vom Teppich fressen durfte, klappst du den Rand beim nächsten Versuch ein kleines bisschen darüber. Der Hund wird den Teppichrand wegstupsen müssen, um an das Futter zu kommen. Click! Genau das wollten wir sehen.

Nun rollst du den Teppich jedes Mal ein bisschen mehr um das Leckerchen auf, sodass der Hund sich auch mehr anstrengen muss. Am Ende purzelt immer die Belohnung aus der Teppichrolle, sodass er bald einen ganzen Teppich ausrollen wird.

Schnüffelspiele

Viele Aufgaben, die Hunde für uns Menschen übernehmen, haben mit seiner unglaublichen Nase zu tun. Rettungshunde helfen dabei, verschüttete Menschen unter Trümmern wiederzufinden, wenn irgendwo ein großes Unglück passiert und ein Haus eingestürzt ist. Lawinenrettungshunde finden Menschen auch unter Bergen von Schnee und retten so oft Leben. Auch ältere Menschen, die sich verlaufen haben, weil ihr Gedächtnis im Alter nicht mehr funktioniert, werden mit der Hilfe von Hunden gesucht. Dazu verfolgt ein Mantrailing-Hund die Spur dieser Person, nachdem er deren Geruch zuvor an einem Gegenstand aufnehmen durfte.

Hunde können Schimmel in Wänden riechen, Drogen, die in einem Koffer versteckt sind, Geldscheine, besonders leckere Pilze oder schädliche Käfer in Bäumen. Sie nehmen mit ihrer feinen Nase sogar wahr, wann der Blutzuckerspiegel eines Diabetes-Kranken gefährlich steigt. All das ist mit ihrer Nase kein Problem – sie müssen nur lernen, was wir von ihnen wollen und was genau sie suchen sollen.

Nasenarbeit ist für jeden Hund geeignet.

Das verschwundene Leckerchen

Hunden macht es Spaß, mit ihrer Nase auf eine Suchexpedition zu gehen, deshalb sind Schnüffelspiele eine tolle Beschäftigung für jeden Vierbeiner. Am einfachsten ist es, ihm ein paar Leckerchen zu verstecken, denn für Futter interessiert er sich von ganz allein. Dabei kann er nebenbei das Signal „Such" immer besser lernen, indem du ihn anfangs beim Verstecken zuschauen lässt.

Foto © Madeleine Franck

Wo ist das Leckerchen? Erhöhte Verstecke sind besonders schwer zu finden.

Hat er das Wort schon verstanden, wird es Zeit für kleine Herausforderungen: Verstecke ein paar Futterstücke in deinem Zimmer, bevor du den Hund hereinbittest und dann zum Suchen aufforderst. Findet er alle recht schnell, lass dir bessere Verstecke einfallen. Lege ein Leckerchen unter die Ecke des Teppichs oder ins Bücherregal. Und mach doch einfach mal das Licht aus, wenn dein Hund sucht! Leckerchen verstecken kannst du natürlich auch wunderbar im Garten und auf dem Spaziergang.

Leckerstrauch

Dafür brauchst du extraweiche Leckerchen, die nicht auseinanderbröseln. Am besten nimmst du kleine Wurst- oder Käsewürfel. Diese pikst du auf die Enden von dünnen Ästen an einem Gebüsch, bis es aussieht, als ob die Leckerchen im Strauch wachsen. Wenn ihr eine Hecke aus Totholz im Garten habt, kannst du die zur Leckerchenhecke umfunktionieren.

Dein Hund wird Leckerchen wahrscheinlich nur am Boden vermuten und muss erst verstehen, dass er nun in der Luft suchen soll. Wenn er von allein nicht auf die Idee kommt, die Nase nach oben zu nehmen, hilf ihm ein bisschen. Beim nächsten Mal weiß er dann schon, dass er in alle Richtungen schnüffeln muss.

Futterwand

Wenn du im Wald an einem Stapel abgesägter Bäume vorbeikommst, kannst du dort eine tolle Suchaufgabe einbauen. Lege Leckerchen in unterschiedlichen Höhen auf die Enden der Baumstämme, sodass dein Hund sie alle abschnüffeln muss. Wenn die Baumstämme frisch gefällt wurden, riechen sie stark. Dadurch wird die Suchaufgabe richtig schwierig.

Ideen für Regentage

Wenn das Wetter tagelang wirklich mies ist und die Spaziergänge kürzer ausfallen, kann deinem Hund leicht langweilig werden. Da er sich nicht richtig austoben kann, solltest du ihn mit Denkspielen beschäftigen. Meist finden Hunde alle Spiele gut, bei denen es Leckerchen zu gewinnen gibt.

Damit dein Hund für sein Futter aktiv werden muss, kannst du ihm ein paar Leckerchen in eine leere Klopapierrolle stecken und dann von beiden Seiten Papier davorstopfen. Leg ihm die Rolle hin und beobachte, was er tut! Vielleicht wird er die Rolle erst einmal anstupsen und über den Boden rollen. Um das Futter auszupacken, muss er gleichzeitig die Rolle mit der Pfote festhalten und mit den Zähnen oder der anderen Pfote das Papier herausziehen.

Du kannst deinem Hund auch selbst ein Spielzeug basteln, bei dem er

Foto © Madeleine Franck

Wenig Aufwand, viel Spaß. Sheltie bemüht sich, ein Leckerli aus einer Klopapierrolle herauszubekommen.

Auch hierbei kannst du ihm mit dem Clickwort helfen, auf die richtige Idee zu kommen: Clicke und belohne ihn, wenn er nur ein bisschen stupst. So weiß er, dass er damit zum Erfolg kommt, und wird sich mehr anstrengen. Dabei kannst du ihn loben und anfeuern. Viel Spaß!

„Zum Geburtstag und an Weihnachten bekommen meine Hunde immer Geschenke. Dann packe ich ihnen Leckerchen in Geschenkpapier ein und sie dürfen selbst auspacken. Je mehr Papier, desto länger sind sie beschäftigt. Das kann man auch einfach mal zwischendurch machen."

richtig nachdenken muss. Eine Idee ist beispielsweise „Flaschendrehen". Dazu brauchst du eine leere PET-Flasche und einen dünnen Holzstab oder einen Ast. Bitte deinen Papa oder deine Mama, mit dem Bohrer links und rechts ein Loch in die Mitte der Flasche zu bohren.

Nun schiebst du den Stab durch die Löcher und füllst ein paar Leckerchen in die Flasche. Halte die Flasche rechts und links locker am Stab, sodass sie sich in deinen Händen drehen kann. Halte sie so deinem Hund mit der Öffnung nach oben hin. Kommt er auf die Idee, sie anzustupsen? Wenn er das fest genug macht, kullern die Leckerchen heraus.

Selbst gemacht

Bastelst du gern? Perfekt, denn es gibt jede Menge Hundesachen, die du ganz einfach und mit wenig Material selbst machen kannst. Auch Leckerchen müssen nicht immer gekauft werden. Du kannst zum Beispiel welche backen und nicht nur deinen Hund damit glücklich machen. Über selbst gemachte Geschenke freuen sich auch alle anderen Hundebesitzer und ihre Vierbeiner. Wir haben ein paar Ideen für dich aufgeschrieben.

Du kannst beliebig Ausstechförmchen oder Backmatten verwenden.

Foto © Madeleine Franck

Leckerchen und Schleckereien

Hundekekse zu backen funktioniert wie in der Weihnachtsbäckerei – du rührst die Zutaten zusammen, rollst den Teig aus und kannst mit hübschen Knochenförmchen die Kekse ausstechen. Oder du nimmst Sterne und Herzchen, falls du keine Knochenförmchen hast. Statt die Kekse auszustechen, kannst du auch einfach kleine Kügelchen formen. Etwas weicheren Teig kannst du auf einem Backblech verstreichen und nach dem Backen (und Abkühlen) dann mit dem Messer in kleine Stückchen schneiden. Oder du füllst den Teig in eine Silikonmatte. Das ist eine weiche Matte, auf der viele kleine Backförmchen nebeneinander angeordnet sind. Die Kekse werden dann mit der Matte in den Backofen geschoben und später aus den Vertiefungen herausgedrückt, so ähnlich wie bei Sandförmchen.

Besonders kleine Leckerchen, die sich gut fürs tägliche Training und als Clicker-Leckerlis eignen, kannst du so herstellen: Du brauchst eine Silikonmatte, die ursprünglich als Backunterlage oder zum Ausrollen von Teig gedacht ist. Auf der Rückseite haben diese Matten nämlich sehr kleine runde oder eckige Aussparungen. Damit du den Teig dort gut hineinstreichen kannst, muss er etwas weicher sein als ein Teig zum Ausstechen.

Foto © Madeleine Franck

Maya und Sontje haben viel Spaß beim Backen der Hundekekse! Sheltie und Nemo müssen noch ein bisschen abwarten.

Alle Rezepte lassen sich beliebig verändern. Du kannst also einfach die Zutaten mischen, die dein Hund am liebsten mag, oder etwas weglassen, was er nicht verträgt.

Aufbewahrung

Je trockener die Kekse gebacken sind, desto länger können sie aufbewahrt werden. Leicht feuchte Leckerchen müssen in den Kühlschrank und innerhalb von ein paar Tagen verfüttert werden, sonst beginnen sie zu schimmeln.

Shelties Lieblingskekse

Wir versprechen, diese Kekse schmecken allen Hunden! Sontjes und Mayas Tipp: Hört beim Backen eure Lieblingsmusik, dann macht es noch mehr Spaß.

Leber-Leckerlis

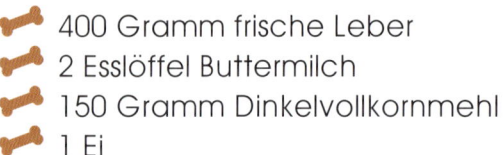

- 400 Gramm frische Leber
- 2 Esslöffel Buttermilch
- 150 Gramm Dinkelvollkornmehl
- 1 Ei

Diese Leckerlis sind ekelig in der Zubereitung, denn du musst die Leber mit einem Pürierstab pürieren. Außerdem riecht die Leber beim Backen sehr stark, man könnte auch sagen, sie stinkt. Aber wahrscheinlich finden unsere Hunde die Kekse genau deshalb so gut!

Backofen auf 180 °C (Umluft 160 °C) vorheizen, die Leber zusammen mit der Buttermilch pürieren, alle Zutaten verrühren und den Teig dünn auf ein mit Backpapier ausgelegtes Backblech streichen. Etwa 40 Minuten backen, auskühlen lassen und in viele kleine Stückchen brechen.

Foto © Madeleine Franck

Fertig!

Thunfisch-Kekse

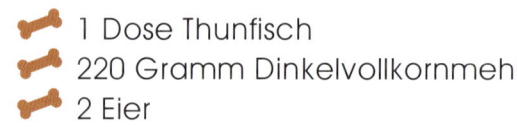

- 1 Dose Thunfisch
- 220 Gramm Dinkelvollkornmehl
- 2 Eier

Den Backofen auf 180 °C (Umluft 160 °C) vorheizen, dann den Thunfisch in kleine Brösel auseinanderzupfen und mit Mehl und Eiern vermischen. Alles so lange durchkneten, bis du einen gut gemischten und nicht zu klebrigen Teig erhältst. Den Teig ausrollen, kleine Knochen ausstechen und auf ein mit Backpapier ausgelegtes Backblech legen oder in einer Silikonform verteilen. 30–35 Minuten backen und auskühlen lassen.

Rezepte für die Backmatte

Alle Backmattenmischungen müssen besonders fein püriert werden, daher eignet sich Babyfertignahrung gut als Zutat. Den Backofen jeweils auf 180 °C (Umluft 160 °C) vorheizen und die Matte mit Füllung etwa 25 – 30 Minuten backen. Wenn die Kekse fertig sind, die Matte einfach anheben und ausschütteln, die Kekse purzeln dann heraus.

... der sich gut in der Backmatte verstreichen lässt!

Für extrakleine Leckerchen brauchst du einen etwas flüssigeren Teig ...

Obstkekse

- 🦴 1 Babygläschen mit püriertem Obst
- 🦴 100 Gramm Dinkelvollkornmehl

Thunfisch-Quark-Kekse

- 🦴 ½ Dose Thunfisch in eigenem Saft, fein püriert
- 🦴 100 Gramm Quark
- 🦴 80 Gramm Dinkelvollkornmehl
- 🦴 Evtl. ein Schuss Öl

Hühnchenkekse

- 🦴 1 Babygläschen Hühnchenfleischzubereitung
- 🦴 5 EL Buttermilch
- 🦴 100 Gramm Dinkelvollkornmehl

Geburtstagsmuffins

Das Rezept ergibt circa 12 Muffins, reicht also für eine kleine Hundeparty oder als Mitbringsel für die Trainingsgruppe in der Hundeschule.

- 🦴 250 Gramm Rinderhackfleisch
- 🦴 250 Gramm Mehl
- 🦴 1 geriebene Karotte
- 🦴 2 Eier
- 🦴 2 EL Olivenöl
- 🦴 50 ml Wasser

Backofen auf 180 °C (Umluft 160 °C) vorheizen. Mit einem Rührgerät und Knethaken alle Zutaten zu einem gleichmäßigen Teig vermischen. Jetzt den Teig in ein Muffinblech füllen, das mit kleinen Papierförmchen ausgelegt ist, und circa 40 Minuten backen.

Hundeeis

Auch mithilfe der Tiefkühltruhe lassen sich Hundeschleckereien zaubern. An heißen Tagen kannst du deinem Vierbeiner mit einem selbst gemachten Eis eine kleine Freude machen. Die angerührte Eismischung kannst du beispielsweise in einen Kong™ einfüllen, einfrieren und deinem Hund dann zum Ausschlecken überlassen. Oder du sammelst leere Joghurtbecher aus Plastik, in die du zusätzlich zur Eismischung jeweils noch eine dünne Kaurolle steckst. So hast du Eis am Stiel, wenn du es am nächsten Tag aus dem Eisfach nimmst. Das kannst du deinem Hund dann zum Lecken hinhalten.

Achtung: Dein Hund darf das Eis nicht abbeißen und einfach hinunterschlucken. Er sollte es in Ruhe ablecken, damit es sich auf der Zunge erwärmt und nicht kalt im Magen ankommt.

Foto © Madeleine Franck

Sheltie mag sein Eis am Stiel!

Banane-Joghurt-Eis

- ¼ überreife Banane
- 150 Gramm Joghurt
- 1 Teelöffel Honig
- 1 Teelöffel Öl

Banane pürieren oder mit der Gabel zerquetschen, alles vermischen, in Joghurtbecher füllen, Kaustange rein und einfrieren.

Foto © Madeleine Franck

Sontje und Maya verteilen die Eismischung in leere Joghurtbecher.

Hühncheneis

- 1 Glas Hühnchenfleisch-zubereitung
- 2 Esslöffel Quark oder körniger Frischkäse
- 1 Teelöffel Öl

Kong™ mit Alufolie umwickeln, die zusammengerührte Mischung einfüllen, Öffnung mit der Alufolie abdecken und einfrieren.

Spielzeug basteln

http://bit.ly/2ucYSkK

Wir haben für die gezeigten Spielzeuge sehr günstige Fleecedecken gekauft und zerschnitten. Du kannst aber genauso gut ein altes Handtuch nehmen. Außerdem brauchst du eine gute Schere, die auch Stoff zerschneidet.

Stoffzergel

Du schneidest drei gleich lange Fleecestreifen, etwa 5 cm breit und 100 cm lang. Wenn du drei verschiedene Farben nimmst, sieht das fertige Zergel später besonders hübsch aus. Lege die Streifen zusammen und beginne in der Mitte ein Stück zu einem dünnen Zopf zu flechten. Dieses Mittelstück wird später der Griff, an dem du festhalten kannst. Lege es zu einem Kreis, sodass die beiden offenen Enden mit insgesamt sechs Fleecestreifen übereinanderliegen. Diese fasst du dann jeweils zu zweit zusammen und flechtest einen festen dicken Zopf daraus. Am Ende werden alle Streifen miteinander verknotet und die einzelnen Stränge festgezogen. Die überstehenden Enden kannst du auf gleiche Länge abschneiden.

Wenn dein Hund besonders auf fransige Spielzeuge steht, flechte nur einen kurzen Zopf und lass die Endstücke deutlich länger. Mag er gern Bälle, kannst du auch einen Gitterball mit einflechten oder über den Zopf ziehen und mit den Endstücken verknoten. Fertig ist ein tolles Spielzeug zum Zerren!

Schnüffeldecke

Zum Basteln brauchst du wieder eine dünne Fleecedecke oder andere Stoffreste und eine Spülbeckeneinlage. So ein Gitter aus Plastik gibt's für 1–2 Euro im Supermarkt in der Haushaltswarenabteilung.

Der Fleecestoff wird diesmal in ganz viele schmale Streifen geschnitten, die jeweils etwa 3 cm breit und 25 cm lang sein sollen. Nun ziehst du die Streifen einzeln durch die Löcher der Spülbeckeneinlage und knotest sie daran fest, sodass die Enden nach oben abstehen. Je mehr

Banjo sucht das versteckte Futter in der fertigen Schnüffeldecke.

Hier wird gerade eine Schnüffeldecke gebastelt.

Streifen du einknotest, desto dichter wird die Schnüffeldecke. Wenn du fertig bist, kannst du darin Leckerchen verstecken und sie von deinem Hund suchen lassen. Er wird ganz sicher mit Begeisterung seine Nase einsetzen!

Halsband und Leine

Wenn du schon Übung im Flechten hast, kannst du auf diese Art auch ein Halsband und eine passende Leine basteln. Um deinen Hund damit sicher führen zu können, muss das Material allerdings sehr stabil sein und darf nicht plötzlich reißen. Am besten besorgst du dir dünne Paracord-Schnüre, die es in vielen verschiedenen Farben gibt. Diese Bänder wurden ursprünglich als Reißleine bei Fallschirmen verwendet, inzwischen werden sie auch für Schmuckbänder benutzt.

Es gibt viele verschiedene Perlen und Anhänger fürs Basteln mit Paracord.

Du brauchst außerdem entweder drei runde O-Ringe (für ein Zugstopphalsband) oder einen Klickverschluss und für die Leine einen Karabinerhaken. Die Ringe und der Karabiner sollten in ihrer Größe zu deinem Hund passen.

Zu zweit macht das Basteln noch mehr Spaß.

Es gibt wunderschöne Perlen mit Pfötchenaufdruck oder aus buntem Glas, die du mit einflechten kannst. Mit verschiedenen Knoten lassen sich auch unterschiedliche Muster in die Bänder einarbeiten. Wir zeigen dir im Video eine Technik, die du leicht nachmachen kannst.

SONTJES TIPP

„Bastle dir selbst ein Armband aus den gleichen Bändern, dann kannst du mit deinem Hund im Partnerlook gehen."

Freundschafts-T-Shirt

Um ein ganz besonderes Freundschafts-T-Shirt zu gestalten, brauchst du ein einfarbiges T-Shirt, ein Stück feste Pappe, einen nassen Putzlappen, Stoffmalfarbe und einen Pinsel. Wenn du noch andere Freunde mit Hunden hast, könnt ihr auch ein gemeinsames Shirt bemalen.

Am besten ist es, diese Bastelaktion an einem schönen Tag im Garten abzuhalten. Wenn das nicht geht, empfehlen wir das Badezimmer, denn dein Hund wird danach mit bunten Pfoten herumlaufen. Schneide die Pappe so zurecht, dass du sie in das T-Shirt zwischen Vorder- und Rückseite

schieben kannst, und lege das Shirt dann auf dem Boden aus. Ruf deinen Hund her und lass ihn sitzen (belohnen nicht vergessen). Nimm seine Vorderpfote hoch und bestreiche die Ballen von unten gleichmäßig mit Stoffmalfarbe. Ab jetzt darfst du nicht mehr loslassen! Drücke die Pfote vorsichtig, aber gleichmäßig auf das T-Shirt und wische sie danach mit dem bereitgelegten Lappen sauber.

Nun kannst du deine eigene Hand mit der gleichen oder einer anderen Farbe bemalen und neben den Pfotenabdruck auf das T-Shirt drücken. Lass alles in Ruhe trocknen und bitte dann deine Eltern, die Farbe mit dem Bügeleisen einzubügeln. Danach ist sie wasserfest mit dem Stoff verbunden und das T-Shirt kann normal gewaschen werden.

Info für Eltern

Liebe Eltern,

die meisten Beißvorfälle mit Kindern passieren mit dem eigenen Hund. So schön es ist, wenn Kinder mit einem Hund aufwachsen dürfen, nehmen Sie die Harmonie zwischen ihnen nie als selbstverständlich hin. Gefahrenvermeidung ist das oberste Ziel und dazu sollten Sie die Interaktion zwischen Kind und Hund immer wieder kritisch beobachten. Nicht selten hört man Sätze wie: „Unser Kind kann alles mit dem Hund machen", und in den sozialen Netzwerken machen ständig Fotos die Runde, die die große Liebe des Familienhundes zum kuschelnden Kind zeigen sollen. Darauf sind jedoch viel zu oft gestresst wirkende Vierbeiner zu sehen, deren Mimik und Körpersprache deutliches Unwohlsein ausdrücken. Schauen Sie genau

hin und versuchen Sie einzuschätzen, ob Ihr Hund das Zusammensein mit Ihrem Kind wirklich genießt oder nur toleriert. Ist Letzteres der Fall, kann die Stimmung leicht einmal kippen.

Sensibilisieren Sie Ihr Kind für die Bedürfnisse des Hundes und beschäftigen Sie sich gemeinsam mit seiner Körpersprache. Feine Signale des Hundes zu erkennen ist eine Übungssache. Die Hundesprache immer wieder zu „übersetzen" und sich in die Gefühlslage des Hundes hineinzuversetzen, verbessert das Verständnis.

Natürlich gibt es sehr viele Hunde, die ausgesprochen vernarrt in Kinder sind und tatsächlich jede unbe-

Bedenken Sie, wie gefährlich es enden kann, wenn Ihr Kind den Hund nicht halten kann.

Zeichnung © Katharina Rücker-Weininger

dachte Aktion verzeihen. Aber auch ein solcher Hund hat ein Anrecht auf seine Ruhe. Und selbst bei einem solchen Hund sollten Sie Ihr Kind niemals dazu ermutigen, sich durch- oder über dessen Willen hinwegzusetzen, falls er einmal Grenzen signalisiert. Kinder sollten im Sinne der Gefahrenvermeidung immer kooperativ mit dem Hund umgehen und jegliche Konfrontation vermeiden.

Besprechen Sie gemeinsam in der Familie die Regeln, die für den Umgang mit dem Hund gelten, und klären Sie, dass diese auch von Menschen eingehalten werden müssen, die zu Besuch kommen. Vermeiden Sie Gefahren, indem Sie den gestressten Hund zum Beispiel. in einem ruhigen Raum unterbringen oder auf einem Platz, der mit einem Kindergitter abgetrennt ist.

Bedenken Sie außerdem, dass auch von fremden Hunden eine Gefahr ausgehen kann. Ein zehn- oder auch zwölfjähriges Kind wird überfordert sein, wenn beispielsweise auf dem Spaziergang ein anderer Vierbeiner eine Beißerei provoziert.

Bei allen Warnungen: Die Verbindung Kind und Hund bietet die Chance auf eine schöne Freundschaft. Unser Anliegen mit diesem Buch ist es, genau das zu fördern. Vielleicht gibt es in Ihrer Nähe eine Hundeschule, die einen speziellen Kind-Hund-Kurs anbietet? Oder zumindest die Möglichkeit

eröffnet, dass alle Familienmitglieder am Training teilnehmen und eingebunden werden? Mit der richtigen Anleitung sind tolle Trainingserfolge möglich, die zusammenschweißen. Auch gemeinsame hundesportliche Aktivitäten, wie Agility, sind eine gute Möglichkeit, die Bindung zwischen Kind und Hund zu stärken.

Je größer und schwerer der Hund, desto wichtiger ist es, dass Sie seine Selbstkontrolle gut schulen und der Gehorsam klappt, bevor Ihr Kind ins Training mit einsteigt. Besonders die Leinenführigkeit, Futter- und Spielkontrolle, ein gut funktionierendes Unterlassungswort („Nein") und Nichtanspringen sollten sitzen.

Wenn bei Ihnen die Entscheidung für einen Familienhund erst ansteht, würden wir immer zu einem kleinen bis mittelgroßen, eher leichten Hund raten. Der oft als perfekter Familienhund gepriesene Labrador beispielsweise bringt ausgewachsen ein Körpergewicht auf die Waage, das in Kombination mit seinem Energielevel für die meisten Kinder unter zwölf Jahren nicht zu halten ist.

Achten Sie außerdem bei der Auswahl des Züchters darauf, dass schon die Welpen viel Kontakt mit verschiedenen Menschen und Kindern unterschiedlichen Alters hatten. Je besser sozialisiert der Welpe vor seinem Umzug ist, desto leichter wird er zum gelassenen Familienhund.

Liebe Sontje und liebe Maya,

wir widmen euch dieses Buch und hoffen, dass eure
Einstellung zu Hunden für viele Kinder (und Erwachsene)
zum Vorbild wird. Danke für eure tolle Unterstützung,
ihr beide seid super!

Autoren und Verlag haben den Inhalt dieses Buches mit großer Sorgfalt
und nach bestem Wissen und Gewissen zusammengestellt. Für eventuelle
Schäden an Mensch und Tier, die als Folge von Handlungen und/oder
gefassten Beschlüssen aufgrund der gegebenen Informationen entstehen,
kann dennoch keine Haftung übernommen werden.

Impressum

Copyright © 2017 Cadmos Verlag, München

Titelgestaltung, Layout und Satz: DAS AGENTURHAUS/agenturhaus.com
Titelfoto: Madeleine Franck
Fotos und Zeichnungen: Madeleine Franck, Aart van Laar,
Katharina Rücker-Weininger, Shutterstock.com

Druck: Graspo CZ, a.s., Tschechische Republik

Deutsche Nationalbibliothek – CIP-Einheitsaufnahme
Die Deutsche Nationalbibliothek verzeichnet diese Publikation in der
Deutschen Nationalbibliografie; detaillierte bibliografische Daten sind im
Internet über http://dnb.ddb.de abrufbar.

Printed in Czech Republic

ISBN: 978-3-8404-2526-4

Zeichnungen © Shutterstock.com/Mary_Vein